天下文化

BELIEVE IN READING

謝詞

敬以「台灣軟實力之島」套書　獻給

（1）雙親：戰亂中從未使孩子們輟學過；又以一生退休金，購得單程機票，送他的孩子赴美讀書。

（2）家庭：內人麗安與二個孩子兆均、兆安，全心支持我在世界各地的教學與調研。

（3）大學時代（1953-58）老師：徐復觀、張研田、劉道元、陳越梅。

（4）美國讀書與教書（1959-2000 年代初）的師友們，感謝從略。

（5）台灣（1969 年後）使我受益的首長及師友：

- 李國鼎、郝柏村、許歷農、趙耀東、連戰等；
- 星雲大師、于宗先、孫震、許士軍、王建煊、陳長文、李誠、姚仁祿、林祖嘉等。

（6）四十年來一起推動出版媒體事業的：張作錦、王力行；及工作伙伴楊瑪利、林天來、許耀雲、楊慧婉等。

高希均

2024.2.1 台北

編按

本書第三版增訂如下：

（一）中文人名索引

（二）英文人名索引

（三）彩色頁新增標題

（四）以上增修，請詳見目錄

應對當前課題
打造台灣軟實力之島

（一）開放
突破台灣格局

- 一種全球布局放眼世界的策略。
- 一種意氣奮發四處擴散的生命力。
- 一種泱泱大國的公民氣質。
- 一種為下代子孫永續發展的深思熟慮。

（二）文明
展現台灣驕傲

- 社會要擁有現代化的基本設施與生活環境。
- 社會要擁有文化、教育、科技、醫藥、環保等高度水準。
- 人人要有同等的權利、義務與機會，不能有性別、宗教、

六十年來
進步觀念的傳播

- 1962 經濟發展導論
- 1970 人力與經濟發展
- 1975 一個知識份子的感受與期望
- 1976 教育經濟學論文集（主編）
- 1977 天下那有白吃的午餐
- 1980 迷思中的沈思
- 1980 共產世界去來
- 1981 《天下》雜誌創刊

（12）高處，在人間

古云，高處不勝寒，又云，何以在人間，讀來總覺，人間，是個遺憾之地。高教授的志業，卻是，秉持著「知識就是力量」的堅定信念，以及「耐心就是度量」的深厚修為；數十年來，認真的，以每個事業，以每篇文章，以每場演講，字字句句，實踐著「高處，在人間」的幸福理想。我從內心，佩服！

——姚仁祿 大小創意齋創意長

（13）頒贈中興大學名譽博士

高教授在學術上教學、研究、推廣、服務之成就，以及對進步觀念的提升與傳播，尤其是媒體出版廣泛而深遠之影響力，足為本校師生之典範。謹代表國立中興大學，頒授本校名譽管理學博士學位，推崇其卓越貢獻。

——李德財 國立中興大學校長、中研院院士

2016 年馬英九總統卸任前高希均致贈余秋雨的「君子之道」書法。

2017 年佛里曼到台北接受星雲真善美傳播終生成就獎，由高教授代表星雲大師致贈。

（14）高教授永遠向前

高教授得獎不少，從美國的傑出教育家獎、威斯康辛州長卓越貢獻獎、威大傑出教授獎、南達科達大學傑出校友獎，到金鼎獎終身成就獎、亞洲大學第一位名譽管理博士獎、總統頒獎的二等景星勳章及母校國立中興大學及臺北商業大學授予的名譽博士獎。

高教授得了獎後，最想做的還是「傳播進步觀念。」讓華文世界的讀者分享他的所見、所學、所思；提高華人品質，推動社會進步。

他熱心學習、創新，勤於思考、撰文、演講；跟著他的敏捷思維和快速步伐走，雖然辛苦不易，卻永遠向前。

——王力行 遠見・天下文化事業群創辦人

年少負笈海外的時光

圖 1：1959 年 9 月初抵南達科他州立大學留影於校內。

圖 2：1964 年與內人劉麗安分別在密西根州立大學修畢博士及碩士合影。

— 王永慶與母親、高希均與母親及王夫人合影 —

圖 3：1959 年出國 8 年後，在 1967 年首次返南港眷村與雙親團聚。

圖 4：1959 年初抵美國即遇恩師 Dr. Van Vlack。

圖 5：1980 年生活素質研究中心成立茶會，王永慶邀請家母（右三）參加，與王母（左二）及王夫人（右二）留下珍貴合影。

在異國生活的難忘時光

圖 6：1965 年與連戰博士一起在威斯康辛大學河城校區教書，他教政治，我教經濟。

圖 7：1971-72 赴丹麥擔任訪問學者，我們一家留影於哥本哈根美人魚前。

圖 8：1972 年在丹麥與研究生進行參訪。

圖 9：1982 年和海耶克教授（Friedrich Hayek）在柏林近郊波茨坦開會後踏青。

圖 10：1996 年 4 月絲路之旅與好友王建煊夫婦、王力行夫婦、林祖嘉等。

圖 11：1990 年代，台灣學生在我們美國家中的花園聚餐。右邊第三排第一位站立者為女主人劉麗安。

與傅利曼教授及加大校長田長霖交流

圖 12：1986 年在傅利曼教授（Milton Friedman）舊金山家中晤談。

圖 13：1996 年加州柏克萊大學校長田長霖來校演講，與威斯康辛大學校長 Gary Thibodeau 在威大前校長照相前留影。

捐贈自宅助國際交流

圖 14：2011 年 9 月返美至威州大參加捐贈自己住宅典禮發表致詞。

圖 15：2011 年 9 月高希均夫婦的住處捐贈威州大， 成為國際學者交流中心（Kao International House）

星雲大師的珍貴墨寶

圖 16：十年前在佛光山，清晨星雲大師一筆字寫下高希均、王力行，彌足珍貴。

與孫兒晚輩及校友們歡聚一堂

圖 17：2001 年 4 月 29 日與五個孫子孫女合影，當時近一歲的孫子 Ben 遠在武漢，此刻六位全念完大學。

圖 18：2011 年威大校長 Dean Van Galen（第二排右六）來台，會見在台校友。

社會人文 BGB56

開放

突破台灣格局

打造台灣軟實力之島・卷一

高希均 著

開放：突破台灣格局

目錄
contents

第一部　挑戰——台灣當前的思維　034

開放：突破台灣格局

目錄

contents

開放：突破台灣格局

目錄
contents

第九章 年輕世代要自創前途 290

—附錄—

一總序　打造台灣軟實力之島一

開放・文明・進步・和平・學習

——向新總統賴清德的施政方向建言

高希均

（一）流血、流汗、流淚

百年台灣的生命歷程就是血、汗、淚交織而成：有先烈的血跡、有先民的汗水、有先人的淚影。

流血是要推翻政權的殖民與獨裁，建立民主的法治社會。

流汗是擺脫貧窮與落後，建立小康的公平社會。

人不怕死，就可以點燃流血的革命火種；人不怕苦，就可以投入流汗的經濟起飛；人不怕「無情」，就可以毫不遲疑地展現大是大非。

台灣不缺流血的革命英雄（如施明德），更不缺流汗的企業家（如王永慶），獨缺能割斷情感、展現公私分明、大義滅親的理性選民。

台灣社會此刻最需要的就是一場空前大規模地切割各種情結的理性革命。我們都記得剛去世的施明德的名言：「承受苦難易，抗拒誘惑難。」而人最重要的誘惑有三：權力、財富、感情。

流血革命的人，是要獲取政治權力；流汗奮鬥的人，是要獲取財富；那麼流淚的人是要獲得什麼？這正是人性中的弔詭！

流淚的人是在付出、是在掙扎、是在等待。

（二）奈伊的「軟實力」

在國際地緣變局中，美國已無法任性地我行我素，中國則或直接或間接地展示它的影響力。在兩岸經貿減溫、互信更冷的僵持下，台灣陷入空前的焦慮。

哈佛大學奈伊教授在一九八〇年代末提出了「hard power」與「soft power」的概念，正可用到當前台灣。

前者是指一國以軍事上的強勢來壓制對方，完成國家政策目標；後者是指一國以其制度上的、文化上的、政策上的優越性或道德性，展現其吸引力。

再進一步說：「軟實力」是一種正面力量，展現在制度上（如民主、法治）、生活方式上（如多元、開放）、政策上（如環保、消滅貧窮）、文化的分享與互動上（如藝術、音樂），因展現吸引力，使別人樂意仿傚、學習、嚮往。

「硬實力」展現在核彈、航母、衛星等戰力上。但因武器採購費用龐大，有時沒有嚇阻敵人，先拖垮了自己財政。冷戰時代的蘇聯即是一例，我們此刻一年六千億武器購買，也面臨了嚴峻考驗。

天下文化曾出版了幾本相關的重要著作。如奈伊（Joseph S. Nye, Jr.）的《強權者的道德》（二〇二〇年），前行政院長江宜樺寫了篇深刻精彩的導讀。另一本是王力行發行人主編的《贏在軟實力》，《遠見》雜誌二〇一九年十一月號也製作了〈雙面台灣——一流軟實力 三流硬實力〉專題。

（三）主宰自己的命運

就台灣當前處境來說，最安全的國家安全政策就是不改變現狀——不獨不統、不修憲法、不改國號、不辦公投。在不挑釁對岸下，台灣就可以安全地生存發展；對岸也可以持續它的改革與開放。這樣的做法正是藍海策略的思維，讓雙方跳出硬實力的紅海競賽，開創軟實力的汪洋大海。

台灣在被邊緣化的國際大環境中，唯一可以突破的出路，就是全面提升「軟實力」，來改善台灣的吸引力，增加台灣的影響力。蘇起教授近年倡導：「台灣的民主制度、自由經濟、開放的社會，是台灣『軟實力』的重要因素。只要充分發揮這些『軟權力』，台灣不僅更繁榮，而且更安全。」

（四）構建「軟實力之島」（Taiwan As an Island of Soft Power）

新總統即將於五月二十日上任，他應當把注意力，從硬實力層面轉向軟實力方面。蔡總統任內在電視上常看到的畫面，都是與軍事相關，她自己穿著軍服訓話，其次是參觀各地廟宇，最少的就是總統記者會及探訪青年學生與基層民眾交談。

當以「軟實力」為主軸時，台灣人民突然共同發現，這一條是台灣真正的出路。從府院到社會各界，同心協力，拋棄那些「不可能」、「無效率」、「騙選民」的政治議題，一起決心提升那些「可能的」、「貼身的」、「有實效的」經濟、教育、民生、醫療、文化、氣候變遷、永續發展等人民與世界潮流最關心的領域。

一旦決定構建台灣「軟實力之島」，它就能處理本書提出的——

五大課題：

- 開放：沒有開放的政策，一切空轉。
- 文明：沒有文明的擴散，一切空洞。
- 進步：沒有進步的推展，一切空談。
- 和平：沒有和平的持久，一切落空。
- 學習：沒有學習的普及，一切空白。

要切實推動，就要提出新總統「百日新政」的七個重大「心理建設」：

(1)「願景」不再模糊　(2)「誠信」不打折扣　(3)「承諾」不可落空

(4)「人才」不能折損　(5)「開放」不能猶豫　(6)「和解」不再僵持

(7)「年輕一代」不應迷惘

這也就是我在二〇〇七年《我們的V型選擇》一書中所討論的。當時兩位總統候選人馬英九、謝長廷共同推薦的。

以「開放」、「文明」、「進步」、「和平」、「學習」五力所構成的「軟實力」變成了台灣「軟實力之島」也就成世界上罕見的「和平之島」。

＊　＊　＊

在編輯這五本套書時，衷心感謝天下文化總編輯吳佩穎、副總編輯郭昕詠、設計中心總監張議文、辦公室主任林素伶的全心投入。全套書中偶會出現一些重複的小段落及句子，是我的偏愛，也請讀者容忍。

做為一生是個讀書人，家國經歷過戰亂，手無寸鐵，也無公職，還能找到一本書、一張桌、一枝筆，不間斷地學習，真是上天的恩賜。

—緣起—

從「天下沒有白吃午餐」到創辦天下、遠見、天下文化

張作錦

一九七七年四月間，我在當時的媒體上，看到兩篇署名「高希均」的文章，字數不多，但觀點新穎，說理動人。經打聽，作者是美國威斯康辛大學的經濟學教授，受當時行政院經建會及台灣大學的邀請回國。我請他吃飯聊天，當然意在約稿。當時台灣雖不富裕，《聯合報》請作者下個小館還是不成問題的，但高先生卻隨意走進一家快餐店，每人一杯咖啡一個漢堡，吃得簡單，談得深入。

「天下哪有白吃的午餐？」

沒有幾天，稿子來了，是評述「當前經濟觀念」的系列文章，篇篇都有與眾不同的觀點。到了第五篇〈天下哪有白吃的午餐？〉更叫每個人眼睛為之一亮，腦袋像猛然被鑿開了。那個時代的台灣，還沒有「國際化」，對新知識、新觀念瞭解不夠，而當時的蔣經國政府，處處以人民生計為念，不僅稅賦要低，公用事業如水電瓦斯等等費用，都不准漲價，以安定百姓的生活。但高希均教授警告國人，不能靠政府開支票過日子，羊毛一定出在羊身上。他呼籲政府和社會大眾在觀念和行動上要懂得「付出」和「創新」，才能過渡到一個真正有尊嚴的富裕社會。

高教授的文章，直如暮鼓晨鐘，社會大眾都聽進去了，人人都能琅琅上口他那句話。高先生因感冒去診所求診，醫生一看表上是高教授大名，堅不收診察費，以感謝他為我們國家所做的「診察」。高先生坐計程車，司機在報上看過他的照片，認出他來，一定要免費送他一程，表示升斗小民的尊敬。

「白吃午餐」不僅激勵了廣大讀者，也激勵了作者自己，高教授在以後短短幾個月內，接連寫了很多漂亮精闢的文章，提出的都是言人所未言的主張，譬如：

低物價政策是有害的；

公立大學的學費應該調整；

在政府機構裡，公事不可私辦。

當然，不會忘記他另一宏文〈決策錯誤比貪汙更可怕〉，等於再給政府一記重拳。而當時的政府雖被人形容為「專權」，倒是有容言的雅量，也有改進的勇氣。中華民國能逐漸走向現代化，發展經濟，增強國力，靠各方面的努力，輿論界是其中的一環。而在媒體上發揮導引作用的學者，高希均教授無疑是先鋒隊中的主力。

高教授的每一篇文章，都引起社會極大的回響。我雖然沒有跟他詳細談過，但我想他那時一定有兩點感受：

第一、台灣需要輸入更多新觀念，以促進國家社會的整體進步；

第二、媒體的影響力很大，但報紙是一種大眾讀物，雜誌才能深入而細緻地討論問題。

創辦《天下》、《遠見》與天下文化

在台灣辦一本雜誌，那時大概在他心裡已經埋下了一顆種子。

一九七九年中美斷交，一時人心惶惶。大家多認為，台灣應該發展經濟，充實自己的力量，才能度過難關。如果一般人都有這樣的認識，在美國大學教經濟學的高希均教授，自然更瞭解這一點。於是他從美國請假回來，邀請殷允芃、王力行兩位女士，又拉上我，在一九八一年共同創辦了以討論經濟問題為核心的《天下》雜誌。在那個「要害一個人就勸他辦雜誌」的年代，為了增加大家的信心，高教授承擔了最大股份。

當時台灣還有《出版法》，依規定出版刊物要有一位本國籍的人任發行人，負法律責任。高教授在美國任教，尚未返國常住，還沒有恢復戶籍，所以由我擔任發行人，高教授自任社長，殷小姐負責編輯部門，王小姐負責業務部門。但因為人手少，其實都是「共管」。因為當時我是《聯合報》總編輯，報館負責人覺得我兼任雜誌發行人多有不便，沒多久我就辭謝發行人，由殷小姐擔任發行人兼總編輯，王小姐擔任副總編輯，他們幾位堅持要我保留「共同創辦人」的頭銜。

雖然《天下》雜誌一創刊就轟動，發行、廣告、讀者、聲譽都直線上升，但高教授在美國大學有專任教職，只能短期回來，雜誌的「領導中心」不免有些扞格。我一九八二年去美國休假一年，隨後即留在聯合報系美國《世界日報》任職，期間曾回來與高教授和殷、王兩位小姐共商雜誌的「分合大計」，以求長久發展之道。最後協議，《天下》雜誌由殷小姐負責主持，高教授和王小姐負責「天下文化出版公司」，並另行創辦了《遠見》雜誌。

高教授也許覺得台灣經濟已經站穩了腳步，《遠見》雜誌就比較是一本綜合性的刊物。目標在「傳播新觀念，開拓新視野」。就是希望國人站得更高，看得更遠，所以叫《遠見》。

沒有知識的人怎會有「遠見」？除了兩本雜誌，加上「天下文化出版公司」，高教授以「豐富閱讀世界」來服務社會。而推廣讀書，更是他長期的努力目標，他提出「新讀書主義」，有四點倡議：「自己再忙，也要讀書；收入再少，也要買書；住處再擠，也要藏書；交情再淺，也要送書。」天下文化選書嚴謹，高教授堅信：「好書正如好人一樣，有時寂寞，但不會孤獨。」

為了使《遠見》成為「台灣前進的動力」，高教授在他的「出版集團」裡增加好幾本給「青少年」和「家庭」閱讀的刊物；又經常舉辦大型的文化和社會性活動，帶動台灣超越前進。

天下文化二〇一八年售書高約四十座「一〇一」

外人常感覺奇怪，天下文化出版了這麼多好書，都是從哪裡找來的？祕密藏在天下文化附設的「人文空間」裡。這是台北有名的「文化沙龍」，精力充沛的高教授，幾乎早、午、晚三餐都在這裡和文化、學術、政經等各界人士喝咖啡、吃簡餐聊天。很多有內容、有分量的好書，都是從「聊天」裡出來的。

如果以文字述說「遠見．天下文化」的成就比較抽象，那就說一點具體數字：事業群二〇一八年總銷售書刊是一百七十萬冊。以一冊書平均厚度一．二公分估算，二〇一八年總銷售書刊約當四十座台北「一〇一大樓」。

高教授在台灣為文化出版事業努力奮戰幾十年，做為他一位長期的朋友，我確知，他的貢獻、他的影響力，就像他形容好書一樣，不僅不孤獨，也將不寂寞。

二〇一九年九月發表於《姑念該生》／二〇二一年九月摘錄

二〇一五年《開放台灣》前言一

唯有「開放」，台灣才能走向「文明」

可愛的景象與可慮的「若有所失」

與當前世界每人所得排名前三十名相比，台灣完全沒有自卑的理由。根據英國《經濟學人》預估二〇一五年每人GNP的國際評比，經過價格指數（PPP）調整，台灣為四四〇〇〇美元，超過法國的四〇三八〇美元，英國的三九四六〇美元，日本的三九〇六〇美元，及韓國的三六二五〇美元。

當外國友人訪問台灣時，他們也會驚喜地在這個島上看到這些景象：

(1)這是華人世界中最自由民主的社會，並且夾雜了「亂」中有「序」以及「鬧」中有「趣」的多元。

(2)這是一個方便、安全、價格便宜的旅遊之地。高鐵、捷運、公車、計程車應有盡有。全島既有山，又有海，時時見到藍天白雲，真是美麗之島；空氣還乾淨，英語也還普及。

(3)都市與鄉區的人民，共同擁有友善與熱情，使你賓至如歸。

(4)四處可以看到現代、傳統、本土的生活方式，民情風俗及多元建築。目前在台的外籍配偶，已近四十七萬人。

(5)台灣又是一個科技與人文的匯聚之所，科技產品暢銷全球，文化產品散布全島；大學在各縣市林立，小吃散布大街小巷。

可是另一方面，台灣當前最大的困境居然也是來自民主選舉及人民的冷漠。為了贏得政權，就鼓動民粹。在只問立場，不問是非的民粹風浪中，政黨之間已變成「惡鬥」，媒體已變成「惡報」。

冷漠的大眾把焦點縮到身邊的小確幸：明哲保身。二十多年的民主洗禮，竟然出現了當前的「若有所失」的低迷現象：政府失能、國會失職、媒體失信、經濟失調、企業失責、世代失落……。從一九八〇年代虎虎生氣的四小龍，變成了自我催眠中「溫水的青蛙」，真是情何以堪？

我們該怎麼辦？

試從兩個場景說起。

兩個場景：一九六五和一九九七

二十世紀下半葉，改變世界政經版圖的兩個觀念，就是「開放社會」與「競爭力」。

齊邦媛教授半世紀前，在台中口譯出「Open Society」這個名詞。這是經濟學大師海耶克教授（Friedrich Hayek）在演講中送給台灣聽眾一個石破天驚的新思路，其影響歷久彌新。

齊教授在名著《巨流河》中追憶這段經歷：一九六五年十月受命擔任口譯，「海耶克教授沒有給我講稿，他英文帶有德國腔，不容易聽懂」，心裡有些忐忑不安，演講中「我第一次聽到『Closed Society』和『Open Society』這兩個詞」，當場就譯成「封閉的社會」與「開放的社會」。「後來大家果然繼續這麼用，這給我很大的鼓勵。」在場的施建生教授很稱讚這個譯法。

在以後的半個世紀，「開放」（openness）及「開放社會」變成了「落後地區」要變成「開發國家」最重要的一個啟蒙觀念，也是一個最有效的發展策略。美國因為擁有全球最「開放社會」，它變成了最有競爭力的社會；中國大陸因為推動「開放」，才有可能在三十年間「和平崛起」，把一個貧窮落後的國家，變成了世界坐二望一的大經濟體。

一九九七年四月《遠見》雜誌首次邀請了哈佛大學波特（Michael E. Porter）教授，來台傳授全球競爭力理論與策略（International Competitiveness and Strategy）。他以實例指出：

當美國擁有「開放社會」時，全球的優秀人才、最新科技、巨額資金、多元資訊、新穎產品全都爭先恐後湧入。社會愈開放，競爭愈劇烈，產品品質就會愈好，價格就愈低，消費者就愈受利，整體競爭力就會愈高。

這個競爭力策略立刻受到朝野共同重視。波特教授三本厚重的著作也先後譯成中文。受到這個學說的催化，對當時台灣經濟策略的修訂及推動產生了重大影響。

政局陷入混沌

可惜的是，隨著陳水扁總統執政（二〇〇〇～二〇〇八），「開放」的政策因涉及到與中國大陸的關係，立刻受到挫折，又夾雜省籍情結、統獨之爭及親美親日的敏感性，使台灣的政治、媒體、國會陷入空前的混亂與不安之中。

這種「亂」使得重大政策（從國防、教育到環保）產生分歧；使得重大投資案（包括投資項目、地點、來源等）引起爭論；使得「政策買票」合理化；使得兩岸關係的發展陷入僵局；使得人民安身立命的長期打算出現問號。

「開放」才是活路

開放是不容易走的路，更不是一個空洞的政策宣示。當前流行的民粹說法是：只要台灣一開放，外國人及外國貨進來，就搶走了台灣人的飯碗及生意；殊不知，引進的人才，透過他們的貢獻，可以創造出連鎖的、相乘的商機與投資，以及台灣的聲譽。美國歷史顯示：如果近百年來沒有吸取到世界各國人才的貢獻，哪會有富強的新大陸？賈伯斯就是一例，他的生父是一個敘利亞到美國威斯康辛大學的研究生。

沒有世界頂尖的人才，就不要想賺世界的錢。一個小島的人才是不可能自給自足的。二〇一三年美國《哈佛商業評論》選出「世界級企業領導人一百位排行榜」。台灣只有一位，是排名八十三的聯發科技董事長蔡明介。這是聯發科技的驕傲，但只有一個台灣人出現在一百位世界級人才中，是否有些孤單？

我們也要指出：「開放」即使在先進國家，也仍有各種程度的不開放，如對移民、科技等限制。「開放」實在是一個民主體制、法治社會及心態公平、全球化合作下的折衷。台灣不肯、不敢、不夠開放時，也就會理所當然的變成各種國際經濟貿易協定的局外人。台灣的命運掌握在人民的開放心態之中。

要去除小格局思維

推動「開放」政策，先要剷除內心深處小格局思維。當小格局影響政策方向時，就立刻被各種恐懼綁架：恐懼自己會上當，恐懼無力面對改變，恐懼「有力團體」反對，恐懼「短期衝擊」太大，恐懼「意識型態」不正確，恐懼輿論責難。當前台灣，在產官民三大領域中，小格局的陰影無處不在：

⑴產業界甘於小成（不敢大創新）。

⑵政府只敢做「小決定」（不敢大突破）。

⑶民間只想貪圖小便宜（不肯多付稅）。

台灣的「悶」經濟就是這「三小」的溫水經年累月煮出來的。此刻必須要讓我們的心智、思維、步伐、策略、創新、膽識來個徹底的解放，把它們放大、放快、放遠。

如果產官民三方能共同努力，構建開放社會，那麼鎖住心胸的那幾道鐵門就能打破，競爭力的提升就有可能。

那些反對開放的人，事實上是犧牲了全民利益，來保護低效率產業，使全民受損。這種為一己之私，犧牲整體利益的例子，居然在民智開放的台灣仍受民粹的操弄，能得到「民意」的支持，令人百思不解。

不要低估民間活力

三十年來大陸只敞開了半扇開放之門，已經在世界市場上勢不可擋。面對開放，我們的官員太謹慎小心；民意代表則心中各有利害關係的盤算；產業大多數穩紮穩打；最敢冒險、最有衝勁的還是民間的中小企業。

民間把問題看成機會，小格局者把機會看成問題。當非洲人不穿鞋時，民間的鞋業看到的是空前的機會，小格局者看到的是赤腳。

開放的大格局必須政府官員與民意代表先開始提倡；他們通常高估了自己聰敏的裁決，低估了民間的本領與智慧。民間迫切需要的是公部門的效率與執行力，因此「保護」的「好意」常常得不到「好報」。

讓我再重複一遍：「保護主義」是「開放」的死敵。不少人總以為保護國內低效率、低生產力的產業是件天經地義的事，殊不知正因為如此，這些低效率的產業只能付低工資、賺小錢，也就根本沒有資金以及能力開發新產品、新市場。年復一年地把我們的資源用在缺少競爭力的生產上。

「防弊」則是「開放」的死巷。為了防弊，就要增設各種防範，生怕圖利他人，生怕不確定性。所增設的各種規定，又再做最僵硬的解釋，它就扼殺了彈性、創新、生機及各種產業及異業結合的可能性。政府太喜歡管制，太不放心鬆綁。政府要勇敢地冒些風險，減少管制（deregulation），讓市場機制決定優勝劣敗，才能提升競爭力。

「開放」就是透過市場的競爭機制，決定成敗；禁不起考驗的自然就淘汰，正因為有淘汰，產業主不得不拚命努力，有生命力的新產業也可以興起；僱用的工資也就可以上升。

如果因為開放而受到淘汰的產業，政府自也可以考慮短期的救濟及轉業的訓練；但千萬不能因此而不敢開放，尤其不能鎖國。

總結來說，開放的一端是「鬆綁」，是釋放各種限制，創造各種新條件，用以激發社會的創意以及適應新科技帶來新遊戲規則。另一端則是「規範」，一種共同的約束（包括道德上的），用以確保不產生「混沌」與「亂象」。「開放」不僅指有形的法規，也必須包括消除無形的歧視——對性別、宗教、省籍、年齡、智能障礙等。

開放社會是一個公平與透明的舞台，人人都有機會各顯神通。

「開放台灣」到「文明台灣」

這本取名《開放台灣》的新書，共有三部十一章，約十三萬字，取材自近年來所撰述的文字，書中從國內外各種實例及切身經驗不斷指陳：只有開放、興利、鬆綁，台灣才有出路。

在開放的社會裡，我也必須強調：年長者要以身作則，年輕世代要自創前途。我提出的「新」獨立宣言是：

自己的功課自己做；
自己的工作自己找；
自己的家庭自己建；
自己的舞台自己尋；
自己的晚年自己顧。

人生的起點是奮鬥，沒有奮鬥的人生，等於沒來到人間。人生的終點是分享，不肯分享的人生，早應消失在人間。這個世界最可靠的不是政府的承諾、企業的善意、第三方的支付；而是自己的爭氣。

儘管全書強調「開放」的重要，但它是個奮進的策略，是個努力的啟航；歸宿是要台灣變成一個真正文明的社會。

讓我列舉這一張「文明清單」，它共有八項需要全民努力：

⑴社會要擁有現代化的基本設施與生活環境。
⑵社會要擁有文化、教育、科技、醫藥、環保等高度水準。

(3)人人要有同等的權利、義務與機會，不能有性別、宗教、膚色、方言等歧視。
(4)個人不能變成社會的負擔，因此要自立自主。
(5)個人要變成社會的資產，因此要分享、分擔。
(6)沒有戰爭的復活、民粹的恐懼、貧窮的威脅、不公不義的傷痛。
(7)政府與民間要共有「與時俱進」的危機感及改革。
(8)政府與民間要共有融入世界的決心與政策。

台灣人民，如果拋棄意識型態，共同認真努力二十年，在二〇三〇年代，世界上將有可能看到一個「文明台灣」的燦爛。

二〇一五年五月二十五日收錄於《開放台灣》

第一部

挑戰
台灣當前的思維

台灣的「亂」，早已超越了當年的示威混亂及街道雜亂，
而是深沉的心理上的一種「亂」
——亂了堅持，亂了共識，亂了方向。
呈現在對國家認同的缺乏，
對公共政策的爭辯，
對兩岸關係的不確定，對自己白吃午餐的加碼。

多數人的沉默及多數知識份子的冷漠，造成了今天台灣人心的不安，
那就是小確幸有轉折成大不幸的可能；
台灣最「美麗」的風景是人，變成了「破壞」風景也是人。
一些人的言論（如反自由化、全球化）及行為，
造成了社會脫序及鎖國思維。

台灣已是民主社會，不需要流血革命，
迫切需要的是在全民監督下持續不斷的改革。
我們必須以身作則，從自己開始。

百年台灣經歷了太多血淚滄桑；
再也不要出現：心亂凡事懼，心懼凡事衰。

第一章

小確幸中出現大不安的徵兆

當前的實況是政黨惡鬥已經造成了政策牛步、政治奧步、台灣退步。

今天台灣社會只有靠朝野能做到近年來我提倡的「四步」來克服多重難關。

「進一步」來理性獻策；

「退一步」來相互折衷；

「讓一步」來取得共識；

「跨一步」來全力推動。

01 良知消失的危機

我相信：在台灣自由民主開放的土壤中，已結不出「革命」之果；我期盼在社會震盪中，卻會鼓舞台灣人民的「良知」遍地開花。

靠自己，從不要白吃午餐做起

多數人的沉默及多數知識份子的冷漠，造成了今天台灣人心的不安，那就是小確幸有轉折成大不幸的可能；台灣最「美麗」的風景是人，變成了「破壞」風景也是人。一些年輕人的言論（如反自由化、全球化）及行為，造成了社會脫序及鎖國思維。它傷害了得來不易的民主與法治；更有可能是這些年輕人的言行，會使以後的年輕世代陷入生活在孤島的風險。

不論如何討論當前社會的對立或失落，最根本的一個原因是：年輕人對政府要求「極大化」，政府做什麼都不對，因此充滿了憤怒；對自己，則要求「極小化」，自己做什麼都可以。受過大學教育的年輕人，講話、行為和態度少了理性。

- 年輕人沒有技能，不能自食其力，是對自己最大的愧欠。
- 要把別人的才華、財富、成就，當作自己奮鬥的動力。
- 玩手機、喊口號、蹺課之後，還是要面對「自己的工作自己找」的現實。人生最基本的自我要求是「做什麼像什麼」。做學生就做好學生，做老師就做好老師，做民意代表就做好民意代表。

年輕朋友要知道：「革命」很難當成職業，台灣沒有這種土壤；只有鳳毛麟角的人，才可能變成做大事的政治領袖，大多數年輕人只是在短暫的時空中，做政治運動中的過客。

台灣已是民主社會，不需要流血的革命，迫切需要的是在全民監督下持續不斷的改革。年輕人不妨以身作則，先從不要白吃午餐開始。龍應台部長與郭台銘董事長都希望他們能借重學運中一些優秀人才，參加他們的工作團隊，這是一個值得嘗試的實驗。

做典範，知識份子要勇於說真話

我們這些生長在中日抗戰前後的人，此刻在台灣過著沒有戰爭恐懼的生活，內心充滿了生命的轉折。社會上尊敬的齊邦媛、漢寶德、孫震、于宗先、張作錦、洪蘭等等，都是靠自己努力得來的，他們奉獻了一生的才華與熱情在這塊土地上。近日齊邦媛教授催生《潘人木作品集》問世時提到：「當年在大陸也經歷學潮的驚濤駭浪，那是個愚昧的時代。」

我們不能陷台灣再次地集體愚昧。別讓台灣人的「良知」消失；只有良知才能征服愚昧。郭台銘展現了良知的風範，指責陳姓立委在馬總統母親家祭靈堂失態之後，同時指出：「台灣不需要路過、鬧場。一個祥和、安定、包容的社會，彼此關懷寬容，才是進步的動力。」

讓大家——特別是年輕世代——彼此提醒、相互勉勵：

- 盡自己的義務（如守法）
- 盡自己的責任（如納稅）
- 發揮同理心（如耐心地傾聽）
- 發揮公益心（如幫助弱勢團體）

尤其在日常生活中，要做到：

- 對是非堅持，對偏見拋棄。
- 對倫理遵守，對別人尊重。
- 對文化實踐，對國家愛護。

當人民的良知普遍出現時，才能夠埋葬當前世代的、黨派的、社會的對立與冷漠。

二〇一四年五月十一日發表於《聯合報》

02

民主化帶來的「亂中有懼」

民主化，亂中有趣？

一九七〇年代以來，台灣社會經歷了一波又一波的民主大浪的衝擊。在示威、入獄、釋放、選舉的過程中，民眾對民主的追求，愈來愈堅定；民主的基石，愈來愈穩固。台灣人民在華人世界中是走在民主勢頭的前面。

在威權時代，施明德以生命來爭取的民主運動被保守派認為是「亂源」，後來他在立法院提倡的「大和解」以及擔任紅衫軍總指揮，凸顯了抗爭中可以出現「亂中有序」。

每經過一次選舉，尤其是總統大選，包括陳水扁的二顆子彈，連勝文的一顆子彈，台灣選民就更成熟一次，怪招愈來愈失效。過去街頭上有時因遊行帶來的混亂，實際上不是「動亂」只是「亂動」（借用大陸用語）。一生具有包容性及同理心的沈君山教授，在那個群眾對抗年代，常愛告訴各方朋友：「台灣是亂中有序。」大陸朋友來台看到一些兩極化的政治評論，常難掩其新奇、興奮。驚訝的心情：「台灣真是一個『亂中有趣』的社會。」只要不是當事人或受害者，那真是旁觀者很傳神的形容！

莫再有，亂中有「懼」

在台灣貼近的觀察，如果只看到民間的企圖心與生命力，我會信心飛揚；如果只看到政府部門，就憂心忡忡。不論哪一個黨執政，不少的棘手問題幾乎無解：很難找到優秀人才擔任公職（抓肥貓變成了最後一根稻草）；政黨惡鬥與利益團體結合，阻擋了重要法案的通過；「白吃午餐」的心態在兩黨共同討好選民的政策下，到了不可收拾的地步：例如台灣有全世界便宜到不合理的水價、電價、油價！

台灣的「亂」，早已超越了當年的示威混亂及街道雜亂，而是深沉的心理上的一種「亂」——亂了堅持，亂了共識，亂了方向。在總統選舉起跑聲中，更是亂象叢生：呈現在對國家認同的缺乏，對公共政策的爭辯，對兩岸關係的不確定，對自己白吃午餐的加碼。這種「亂」會產生極大的不確定感及恐懼，因為：

(1)它使重大政策（從國防、教育到環保）產生分歧。

(2)它使重大投資案（包括投資項目、地點、來源等）引起爭論。

(3)它使「政策買票」合理化。

(4)它使兩岸關係的發展陷入僵局。

(5)它使人民安身立命的長期打算出現問號。

這種分歧、爭論、僵局、問號會使這一代人失去執行力，下一代子孫失去競爭力。

百年來的中國，都想倚靠一個遠方的「強國」求生存，求保護；此刻的台灣，雖然還是要靠美國的軍火；但必須要痛苦地認清，在經濟上是要靠「鄰國」。可惜近二十年來，李登輝與陳水扁二位總統一直高亢地倡導「中國崩潰論」與「中國威脅論」，使兩岸陷入困境，使台灣失去可以在大陸發揮槓桿的關鍵年代；此刻全世界在看，是否會如IMF預估，五年後的中國經濟將會超越美國，變成世界龍頭？我曾簡單地提出過「台灣中興」的「三中」策略：發揮中間選民的力量及聲音，鞏固中產階級的實力，結合中國大陸的市場。

台灣是要在國民黨贊成的九二共識與ECFA之下，與大陸並起、並坐、並肩地交流、合作、雙贏？還是民進黨有更好的選擇，更好的策略，更好的結果？但是必須要交代清楚。這是選民心中數十年的疑慮。

百年台灣經歷了太多血淚滄桑；再也不要出現：心亂凡事懼，心懼凡事衰。

二〇一一年七月二十九日發表於《聯合報》名人堂

03 「一半對一半」的社會，加深對立

誰才對？一半對一半

二〇一三年後的台灣景氣已逐漸脫離谷底；但是兩黨的對立，某些輿論的唱衰，看不出有改善的跡象。就像不少西方民主國家，台灣仍將陷入「家不和，萬事難興」的困境。

當前台灣社會所出現的現象，可以「一半對一半」來形容。財富分配是「貧窮對富裕」，兩岸關係是「交流對限制」，公共政策是「政府對市場」，年齡分配是「銀髮對年輕」，產業發展是「傳統對科技」。

借用狄更斯的譬喻：台灣有二個：善良的台灣與私利的台灣；智慧的台灣與

愚蠢的台灣；台灣有二面：光明的台灣與內耗的台灣；前途擁有一切和前途一無所有。

每一個人應盡的責任，當然是使台灣走向和諧、安定、幸福。你和我此刻能做些什麼？

看觀念，「輕」與「重」的倒置

我認為此刻阻礙台灣進步的還是「觀念」——那看不見、摸不著、卻根深柢固的想法和偏見，尤其是對「輕」與「重」看法的倒置。

在「一半對一半」的社會中，當然不是算術上的五十對五十，而是指總有一股力量與另一股力量相持不下。因此，每一個重大政策都會僵持，每一件芝麻小事都有爭議。試列舉當前流行的八項「重」與「輕」：

(1)重保護、輕開放。

(2)重補貼、輕納稅。

(3)重價格、輕價值。
(4)重數量、輕品質。
(5)重表面、輕實質。
(6)重當下、輕千秋。
(7)重指責、輕責任。
(8)重私利、輕義務。

如果這種「輕」「重」失衡持續，那就惡化了台灣壞的一半：內耗、平庸、自私；同時磨損了台灣好的一半：善良、付出、分享。

英國《經濟學人》在《二〇一三的世界》專刊中指出，評比了八十個國家的主客觀指標後，做了一個二〇一三全球「出生幸運國」的排名。前三名符合大家的看法：瑞士、澳大利亞、挪威。台灣名列第十四，優於傳統五強：德與美（均十六名）、日（二十五名）、法（二十六名）、英（二十七名），也優於所謂金磚四國：巴西（三十七名）、大陸（四十九名）、印度（六十六名）、俄羅斯（七十二名）。

因此台灣人不必太自謙及太自卑，在二〇一三年台灣出生的嬰兒是相對地幸運。

肯負擔，好福利是有代價的

上面八項之中所輕者（從不肯「開放」到不盡「責任」）必須調整。要透過各種方式：從道德勸說到訂定政策，把現代社會的個人義務、社會進步、企業責任與永續發展做比較合理的組合，例如：人人要很周延的健保；人人要很好的教育；人人要很方便的捷運及交通；人人要很好的退休年金及退休制度；但是人人都不肯分擔改革後調漲的費率、費用、成本，形成了一道逢「漲」必反、逢「改」必反的銅牆鐵壁。不論哪一個黨執政，都缺少「社會福利可以增加，虧損不能增加」的堅持，「自私的一半」永遠占上風。日本、美國、希臘等國的巨大財政赤字提供了可怕的實例。

我一再指出：除了要補貼低所得及弱勢團體外，台灣人民必須要付較高的稅。北歐社會的好福利，來自人民的高稅率，而非政府的高虧損。如果「肯負擔」的「一半」能占上風，台灣才有機會變成真正有品質及幸福的幸運之地。

二〇一三年一月七日發表於《人間福報》

04

「新平庸」帶來「大不安」

現轉機，團結突破新平庸

台灣在一九六〇～一九八〇年代為人稱道的「經濟奇蹟」陷入了「中年」危機；一九八〇年代末受人羨慕的「寧靜革命」也陷入「民粹」危機。國際上近年的說法是：做為一個中型經濟體的台灣，正墜入了「中等所得陷阱」（MiddleIncome Trap），所面對的正是世界經濟大勢中的「新平庸」時代（New Mediocre）。這個由IMF女總裁拉嘉德（Christine Lagarde）在二〇一四年秋華府演講中提出的新名詞，是警告全球經濟動力不足，總體指標持續乏善可陳，各國要設法採取措施，改善此一低落現象，不能袖手旁觀，習以為常。此刻「新平庸」一詞，已引申到缺乏創意，勉強「過得去」「活下來」的產品、產業、政策……。二〇一四年的九合一選舉結束，執政黨大敗。已經大勝的民進黨，如果堅持過去逢馬必反、逢改必反、逢中必反，在執政黨剩下的一年半時間中，整個社會仍將共同遭殃。民進黨如果想到二〇一六可能執政，不再全力杯葛立院有關兩岸貿易的重大法案，那麼出現轉機，將是全民之福。

拚勁道，台灣還是大有可為

表一的資料使我們先服一帖鎮靜劑。

表一：各國總體經濟指標比較（2015 預測值）

四小龍與其他國家	GDP 成長率 (%)	每人 GDP 當年價格	每人 GDP 價格指數調整 PPC	通貨膨脹率 (%)	人口（百萬）
中華民國(台灣)	3.3	22,700	44,020	2.0	23.5
新加坡	3.8	58,910	83,340	2.2	5.7
香港	2.6	41,990	58,320	3.3	7.1
韓國	3.7	30,110	36,520	2.3	50.8
美國	3.2	57,160	57,160	2.3	321.3
德國	1.6	47,350	47,290	1.5	81.3
法國	0.8	43,550	40,380	0.8	65.0
英國	2.5	44,330	39,460	2.0	64.4
日本	1.8	39,140	39,060	1.8	126.8
中國大陸	7.0	8,550	14,460	2.9	1360.0

資料來源 :Economist:The World in 2015, Dec.2014

根據《經濟學人》二〇一五年預測，台灣經濟要竄升，此刻是缺少那股「勁道」，但也不會快速滑落，這種「不上不下」之勢，正就停頓在「新平庸」的跑道上。

表一顯示，與其他三小龍比，每人所得已遠落後於新加坡與香港。唯一產生自信是因為物價相對平穩，經過購買力指數調查，台灣每人平均所得近四萬四千美元，不僅超過韓國及大陸，也居然超過法國、英國、日本。台灣的低物價水準，也使全社會付出了成本及代價；如在民意壓力下，國營事業壓低電價、油價等，形成國庫負擔及節約困難；低價格造成黑心產品之出現，危害消費者健康。民粹的立場就是物價不能漲，後果則不聞不問。

代價高，民主潮流中成長下降

台灣陷入「中等所得陷阱」是指產業結構調整緩慢，科技創新及生產力提升之困難。遠在二十年前，我就指出在民主浪潮中已經出現了十三項值得憂慮的現象。

令人失望的是三位民選總統李登輝、陳水扁、馬英九的經濟表現遠遠不如威權統治的蔣經國。威權執政的十九年中（一九六九～一九八八）平均經濟成長率為九％；三位民選總統的平均成長率約為五．四％。粗略地說：期間雖有全球金融危機，但民主政治的代價（trade-off）使成長率少了近四個百分點。

放眼世界，民主體制的歐美國家，多數的經濟成長率多在二％上下。台灣經濟轉型的困境來自：⑴企業家缺乏巨額投資、大量研發、長期發展的格局與策略。⑵政府的產業發展策略，宣示多於效率，又受制於經費及說服力之不足，在立法院遭遇各種杯葛。⑶全球化之下各國競爭的激烈，大陸經濟之快速竄起，兩岸關係之不確定，在在壓縮了台灣產業之擴展及轉型。

新公害，民主與媒體的相互利用

民主政治與媒體自由是歐美國家引以自傲的二個特徵。近十年來可惜這二個珍貴資產居然變成了台灣沉重的負債。得過三次普立茲新聞獎的佛里曼在《我們曾經輝煌》一書中直指：「當政治人物與利益團體相互利用時，當媒體擴大散布社會對立時，當政府支出超過能力時，……當年輕一代失去工作認真獨立奮鬥時，這個社會的生命力與凝聚力開始渙散，然後就走下坡。」

二〇一四年十二月六日英國首長布萊爾在《紐約時報》撰文〈民主政治是否已死？〉指出：政治人物討好而偏離中間力量，產生黨意大於民意；媒體為迎合偏執讀者和利益團體，立場愈來愈黨同伐異。社群媒體可以在短時間內匯聚民意的強烈回應，操縱決策。

前行政院長江宜樺在二〇一四年十月底「華人企業領袖遠見高峰會」中坦言：台灣民主的演變使有心為國做事的政務官面臨許多挫折，並期勉要有「堅持」精神。一個月後國民黨九合一選舉挫敗，江院長自己放棄「堅持」，以辭職明志，令人惋惜。緊接不久即卸任的文化部長龍應台則感嘆，台灣目前的政治環境已經惡劣到難以留住一流人才為政府做事。

救台灣，「四步」克難關

在民粹的風浪中，台灣的政黨已變成「惡鬥」，媒體已變成「惡報」，誰也沒有特效藥來對付這「雙惡」。我只盼望為了台灣人民的福祉，⑴對政治人物的基本態度，要少用陰謀論、動機論，來揣測他們的決策。⑵給新接任的政治人物一個機會、一些鼓勵、一些等待。不管是哪個黨，首長們的施政成功，就是民眾得利。⑶做人的最後一道防線是：政治人物不能靠「惡鬥」阻礙國家進步，傳媒工作者不能靠「惡報」來增加閱讀率與收視率。

台灣經濟陷入困境是因為政黨惡鬥與媒體惡報。二十餘年來的台灣民主史幾乎就是一部在民粹與少數媒體驅動下，內耗與內鬥的紀錄，造成了「產、官、學、民」陷入悲觀、冷漠，不敢發聲之中。

當前的實況是政黨惡鬥已經造成了政策牛步，政治奧步，台灣退步。

今天台灣社會只有靠朝野能做到近年來我提倡的「四步」來克服多重難關。

「進一步」來理性獻策；
「退一步」來相互折衷；
「讓一步」來取得共識；
「跨一步」來全力推動。

否則，這架「台灣號」的駕駛，不論是國民黨或民進黨，勢必無法順利地從「新平庸」的跑道上起飛。

二〇一五年一月號《遠見》雜誌

05 兩岸經濟的「新常態vs.新平庸」

里程碑，剖析大陸經濟

二〇一五年，全世界，尤其美國、日本與台灣，將面對《經濟學人》所形容的中國經濟二個新里程碑：⑴它的對外投資將超過外資投入，證實大陸已是實質的經濟強國；⑵以購買力平價指數（PPP）折算，大陸比一般預測早了五年，將超越美國變成全球第一大經濟體，獲得主導世界經濟龍頭地位。美國輿論反應說：「我們將喪失百年來的輝煌。」

對台灣來說，如果兩岸兄弟情誼日增，關係平順進展，這些飛揚的指標自也會使台灣隨之水漲船高；但是如果兩岸關係起伏不定，看到這些數字，就產生

「長他人志氣，滅自己威風」的不安全感。事實上，這些「不安全感」逼使台灣政治領袖，無法閃避兩岸關係對台灣經濟策略的選擇。地方政治可以由政治人物爾虞我詐，人民生活的好壞則必須真實面對。

當前的現實是：大陸正以新策略進入「新常態」，台灣在政府失能、國會失控、人民失落中陷入「新平庸」。前者是北京慎思熟慮後的戰略選擇；後者則是執政黨在民粹推波助瀾中不甘心的後果。

新常態，大陸經濟動能啟動

近一年以來，大陸官方媒體以「新常態」報導經濟深改藍圖；它是指大陸經過三十多年來快速經濟成長後必須調整的新策略。習近平在去年十一月APEC中對「新常態」有明確的闡述：從「高速」增長轉為「中高速」成長；從「生產要素」驅動的成長轉向「創新」驅動；服務業與內需增長成為主力，城鄉與區域差距縮小，改革紅利為大家共享。

「新常態」中有一個令人驚豔的宣示：政府要大力「簡政放權」，習近平說：就是「要放開政府這隻看得見的手，用好市場這隻看不見的手」。這種轉變使人想起一九八〇年代雷根常說的一句話：「政府本身就是問題製造者，不是問題解決者。」這位因「保守主義」當選的總統不是在自嘲，而是主張大量削減政府權力，增加市場機制的運用。這個資本主義的基本信念，居然變成了中國共產黨改革的新重點。

「新常態」在操作上要使中國經濟平穩增長（七%左右），增長的動力多元（不能只靠投資或輸出）、結構優化升級，並且勇敢地告訴世人：過去的高速成長（八%以上）以後是「做不到、受不了、沒必要」。

向國際重要的宣示是：今後中國大陸的經濟發展要擺脫「速度情結」及「換檔焦慮」，穩定中求進步，結構調整中求創新，「新常態」會使大陸經濟進入更高層次更平穩健康的發展。

一個經濟大戰略的轉變必選擇對的時機以及擁有強有力的領導。二〇一四年十一月哈佛甘迺迪學院針對十位世界政治領袖的「治國能力」做了一次超過二萬六千多位國際樣本調查。在二組問答中：⑴以本國民眾評本國政治領袖，排名前三依次為習近平、普亭和莫迪（印度），歐巴馬第七，安倍（日本）第八；⑵在另一組國外民眾評一國政治領袖時，排名前三名為習近平、莫迪和德國女總理梅克爾；歐巴馬第六，安倍第九，普亭最後一名第十。

中共領袖習近平在國內及國外民眾的心目中，二組評分都排名第一。以他擁有的國內政治實力及國際聲望，「新常態」應當有機會變成「『好』常態」；很可惜對政治體制改革及文化教育發展缺少論述。

起憂心，「新平庸」之病延到二〇二〇面對

大陸經濟之轉型及公權力之「說到做到」，正反映出西方民主國家及台灣在執行政策時的弔詭。大陸的中央集權及言論自由等限制下，決策與效率並存；同時也與貪腐、人權犧牲、環境惡化……共生。台灣的民主體制一不謹慎，已變成民粹，助長了政黨惡鬥、媒體偏執、利益團體關說，其所產生的亂象與不平使人

民、企業、外資失去信心。

台灣當前最大的困境居然是來自民主選舉。選舉帶來民主，人人稱讚；不幸地是：為了選舉，就鼓動民粹，人人受害。

民粹的現象是一些反對者及其啦啦隊可以靠信口開河的聲音、不求查證的文字及煽動的簡訊，抹黑別人的人格尊嚴、阻擋政策、擱置改革。例如此刻政府要尊重市場機制，推動使用者付費，真是難上加難。有一例就是台電要取消學校電費津貼，立院「說不行，就不行」。

生活在台灣的人民，有些共同特質：善良、樸實、守分。但是這些「分內事做好」的沉默大眾，是無法對付那一批不擇手段、不分是非、無視法治、缺少良知、充滿貪婪及私欲，所形成的共犯結構。這一群人在政治民主（政府就不敢查）、言論自由（政府就不敢管）、政府負責（政府就不敢辯）三面大旗掩護下，迷惑了是非，激發了民怨，衝垮了公權力。

綜合的結果是社會內耗及空轉，進而演變成今天大家看到的：政策牛步、選舉奧步、道德與良心退步。

誰有本領能開出藥方來治「新平庸」之病？看來台灣經濟前景黯淡，這個病會一直延誤到二〇二〇年。

二〇一五年二月號《遠見》雜誌

第二章 民粹瀰漫，輿論偏執

台灣看起來很自由、很民主；
但國家政策上與人民心態上並不開放，也常歧視外人。
人民內心深處缺乏自信與安全感，
尤其這一代年輕人，不肯走出去，
不肯融入變化中的世界，
不肯面對世界第二大經濟體的中國大陸。
台灣年輕一代，在兩岸政策難以突破下，不能靠政府，
只有靠自己的本領、熱情、品德，以及調整的心態，
才能立足社會，融入世界。

06
「寧靜革命」不再寧靜

二〇一二年後的台灣已進入另一個年代——前進中產生了迷惘，改變中遇到了土石流。

四小龍「經濟奇蹟」中的台灣，在全球競爭力排名中仍位居前十名，但面對世界政經的急劇變化，台灣的應對與調適不夠快、不夠準，十多年來一直陷入困局。

台灣病，民主化後病態現象

一九八六年民進黨成立後，台灣民主浪潮一波又一波——包括一九九六年李登輝當選首屆民選總統，二〇〇〇年民進黨的陳水扁執政，開創了民主史上第一次的政黨輪替。

台灣民主的「寧靜革命」帶給全民莫大的驕傲，但也同時帶來了不寧靜的折騰。幸有二〇〇八年馬英九的當選，打破了兩岸僵持，否則「自我鎖國」的後果，更使台灣被拋在世界舞台之外。

使人難以預料的是，民主的果實在台灣還未碩壯，在西方國家流行的四個「民主病」：政黨對立互鬥，利益團體操縱，媒體偏兩極化，中產階級冷漠，卻同時提早出現在台灣，質變成了百花齊放中的「台灣病」。它以三個「病態」出現：

(1)逢「中」必反：在一個人才快速流動的時代，高唱人權與民主的立法院，居然會通過「陸生三法」（如不准給獎學金、畢業後不能在台工作）。在這種心態下，要擴大兩岸資源整合，真是緣木求魚。當全世界都想加快進入大陸市場時，只有台灣想盡一切辦法綁住自己的手腳，動彈不得。

(2)逢「漲」必反：大多數的民眾都會同意，合理的調整油電水等價格是「必要之惡」，照顧低所得者更是理所當然；但是媒體上一面倒的反對，其聲浪之強，使總統府與內閣不得不煞車調整。

(3)逢「改」必反：隨著時空環境的變化，政府必須做各種改革以及修增各種法令，但只要公部門一提出改革——從證所稅、證交稅、十二年國教、健保，到都市更新，無一不遭受到鋪天蓋地的挑剔。

台灣人民不會允許流血的革命，但渴望不流血的改革。要改革，首先要政黨休兵，不再惡鬥。

靠自己，融入世界

台灣看起來很自由、很民主；但國家政策上與人民心態上並不開放，也常歧視外人。只能說比日本好些，比新加坡差很多。人民內心深處缺乏自信與安全感，尤其這一代年輕人，不肯走出去，不肯融入變化中的世界，不肯面對世界第二大經濟體的中國大陸。

台灣政治與社會上的「不寧靜」，幾乎全與大陸相處、相交、相容相關。從過去心理上的「剪不斷，理還亂」，到今天「一中各表」下的直航和ECFA的簽訂，以及對和平紅利的嚮往，在馬英九主政下已經有了進步；但距離正常的交往還有十萬八千里。台灣已不是意氣奮發的年代，必須要「痛定思痛」。首先要去除二種心態：(1)靠「保護」來阻擋開放及外來的競爭，(2)靠「白吃午餐」來占公家及別人的便宜。

特別台灣年輕一代，在兩岸政策難以突破下，不能靠政府，只有靠自己的本領、熱情、品德，以及調整的心態，才能立足社會，融入世界。

二〇一二年六月二十五日發表於《寧靜革命不寧靜》〈自序〉

07 台灣低物價的迷思

大陸朋友來台北，稱讚「台灣最美的風景是人」時，我點頭微笑；又稱讚「台灣的物價真便宜」時，我開始不自在了；再誇讚台灣小吃，我則是想到一些不很衛生的環境和食安的風險，開始坐立不安了。如果觀光客要找價格便宜的東西，東南亞國家多的是，要找到既便宜、品質又好、又安全的商品，台灣人也沒有這種本領。

劣質貨，出現在落後、便宜的地方

「價廉物美」只能在於廣告詞中出現，難以在真實世界找到。令我最不安的是：我找不到一個「價格便宜」的地方，會出現高品質的社會。任何一個開發中國家（包括十年前的大陸），價格處處（包括工資）便宜，品質一定差、服務一定不好，社會也就處處落後。相反的，講高品質，價格相對高的日本、歐洲及美國，就構建了高品質社會。

民主政治下為了選票，「討好」是常態，「求好」是例外。反對黨所反對的是「求好的改革」，所贊成的是「討好的加碼」——盡一切口舌及方法維持早已扭曲的低價格——從電價到學費。殊不知長期扭曲的低價格帶來了可怕的後遺症。

- 電費太低，使資源浪費——例如，蘭嶼居民的免電費，可能使冷氣不停地使用。
- 學費不調，品質難以提升——大學生得不到好的教育。
- 小吃便宜，必有衛生及食安的風險。

「低」更會產生各種短缺——「低」價格無法產生好產品，「低」薪水無法吸引優秀人才，「低」利潤無法產生資本累積，「低」稅收無法產生足夠的公共財及健全的財政。這就形成了社會上低水準的循環：低價格↓低品質↓低工資↓

低利潤↓低生活水平；台灣十餘年來薪資之難以提升，正就是陷入此一漩渦。我們也看過歐美國家另一種高水準的循環：高品質↓高價格↓高工資↓高利潤↓高生活水平。

微調升，有助追求文明及高品質社會

《哈佛商業評論》（中文版）二〇一三年四月份刊出一篇〈A^+企業的三個簡單法則〉。根據一九九六年超過二萬五千家美國企業的分析，歸納出獲得較高資產利潤率的三個法則：⑴高品質重於低價格。⑵衝營收重於省成本。⑶沒有其他法則。

要推出高品質的產品，當然就必要有經濟成長的條件：大量投資研發與創新，並擁有膽識與自信，才能提高競爭力。高競爭力，才可能創造高所得；要全面提升競爭力，又必須要開放的政策及人民開放的心態。當前不到一三%的平均稅率及陰影不散的封閉心態，是無法建立文明社會的。

文明社會的一個特質是為了追求高品質，人民必須要樂意付較高的價格，也要付較高的稅金。一位美國大法官說：「我喜歡付稅，因為稅金可以構建文明。」我則是：「我歡喜進步觀念，因為它可以構建文明社會。」大多數西方輿論主張：物價一直上升，就產生通貨膨脹，令人恐懼；物價一直不上升，產生通貨收縮，更令人恐懼。

允許溫和的物價（包括稅率）調升，在台灣既合理也必要。

二〇一三年十二月號《遠見》雜誌

08 要從「白吃午餐」的夢中驚醒

小而美，政府貼心照顧

「小而美」的台灣，在春節中特別感受到「美不勝收」。在生活周邊的小圈圈中，全被「小確幸」包圍。過年時與許久未見面的朋友相聚，還不好明說這種「小幸福感」。

台灣二萬餘美元的每人所得，全球排名二十多名，卻奇蹟式地享受到高所得國家中難以找到的政府照顧：低廉的電價、油價、捷運票價、水費、學費、健保費等。

出國多年的僑民，回來很容易地辦妥新的國民身分證。四個月後，即使從未付過稅，便可得到外國人都稱讚的健保。他們短期回來，主要的節目，就是充分利用幾乎是免費而又優秀的台灣醫療。

政府對美好生活的安排，還不只這些。縣市政府還有對學童提供免費午餐；對長者有敬老金；對小孩的照顧，外語的學習，弱勢者的優待……，真是琳琅滿目。

這種人間幸福，不在北歐，就在身邊的台灣。放眼世界，最貼心的還是台灣在所有國家中，居然有極低的整體租稅負擔率，一二．二%。比大陸與韓國低了七個百分點，比其他歐美國家則低了十個到三十個百分點。這真使外國人嘖嘖稱奇：稅率低、福利高，台灣人民的幸福變成一個「現代傳奇」。

即使這樣低的稅率，這樣優厚的補貼，不少利益團體，不斷地用「正義」「公平」的大帽子，持續壓住政府，要把白吃「午餐」提升到白吃「盛宴」的規格。只要有選舉，就有機會爭取更多的「白吃」。有人怕選舉會輸，利益團體則是永遠的贏家。

台灣還有大陸觀光客意想不到的「言論」自由和「行動」自由。抗議、示威、丟鞋、網上發聲、當面罵官員，不要有勇氣，只要有時間。台灣與一百三十多個國家有免簽證的約定，台灣人全天候在機場進出。退休的人，尤其出國旅遊勤快，其樂融融。

可惜白吃午餐，終要面對結帳的時刻。帳到底誰來付？結局當然只有一個：政府不斷舉債。民主政治的弊病，是政黨不斷開選舉支票，並且彼此惡性加碼，隨之而來的是公債年年攀升，已經到了財政危機爆發的前夕。

真實面，令人痛心的現象

讓我們一起回到真實的台灣。不少人早已沉痛地指出：「媒體誤國」。歸納出所帶來的可怕後果：

- 把「壞」消息當成能熱賣的「好」新聞。
- 把做壞事的「惡人」，當成「名人」。
- 把翻雲覆雨的「政客」當成「英雄」。

- 把信口開河的「對答」當成「專家」。
- 把違反做人做事原則的「叛逆」當成「好漢」。
- 把堅守原則的「君子」，當成傻瓜。

這是言論自由與市場經濟下出現的痛心現象：報導商業化、新聞娛樂化、犯罪戲劇化、評論兩極化、善良邊緣化、正派人物被惡意醜化。

這些後果與現象的擴大與張力，又形成了當前六項缺失：媒體失態、國會失責、政府失能、市場失靈、企業失常、貧富失衡。

這就是台灣矛盾：既有小確幸，也有大缺失。

解難題，必須從自己做起

這個使人不敢承認的真相，是經年累月政府、國會、媒體、企業、民眾在膽怯、囂張、偏執、私利、短視的集體行為與相互影響下的產物。那麼台灣人民該怎麼辦？

這是難解之結。從人類社會發展的經驗中，似乎出現了：戰爭不能解決的，求政治妥協；政治妥協不能解決的，求經貿交流；經貿交流不能解決的，只能求上天。上天的回答：「一切得從『白吃午餐』的美夢中覺醒。」

一九五〇年代在南港長大的眷村子弟，我只學會一件事：「一切靠自己。」

二〇〇七年六月號《遠見》雜誌

09 經濟難？為何三位總統都搞不好經濟？

十八世紀中葉的英國，當亞當．斯密討論市場、貿易、關稅、財產權時就指出，經濟與政治是分不開的。創設於一八九五年的「倫敦政經學院」，即是開風氣之先。

經濟與政治之緊密關係，對我們提供了重要線索：台灣經濟之悶與衰，即來自政治之鬥與亂。

蔣經國主政十九年威權時代的平均成長率為九％。一九八八年一月他去世後，如果以歷任總統就任時的「日曆年份」計算，李登輝執政頭八年（一九八八～一九九五）的成長率為七．四％；第二任全民直選後為五．一％；接著陳水扁第一任三．三％；第二任回升到五．六％；馬英九的第一任又變成三．四％。

後經國先生時代的二十五年（一九八八～二〇一三）平均成長率為五．四%。

我們不禁要說：民主政治轉型的代價，就是經濟成長的滑落，接近三．六個百分點；但更要說：經濟之「失」換來民主之「得」，是有它的迷人之處。民主政治創造了一個自由、創業、進取的大環境，這正是「小確幸」出現的前提；這也就是為什麼來台訪客，都羨慕我們自由開放的政治氛圍與自在從容的生活方式。

三位總統沒搞好經濟，根本的原因不在缺少好的財經首長及建議；而是這些政策及方案，在政治干預、妥協、否決下，府院幾乎束手無策，推動乏力，造成了政策停擺與經濟空轉。

陳長文律師說得透澈：「台灣的問題在經濟，而經濟的問題在政治。」真正的關鍵就出在三位總統的政治信念及從政風格上。

李登輝高估了政治操縱上翻雲覆雨的左右逢源，又受日本影響深；陳水扁低估了政治算計及貪腐帶來的風險，又少人文與國際知識；馬英九錯估了清廉與不沾鍋是政治人物最高的標準，雖有豐富的知識，但相信「全民總統」要全天候工作。他們都堅持自己的做法，都變成了自己政治運作的囚犯。一位自認萬能，卻做了不少萬萬不能做的事；一位聰敏過人，卻已入牢房；一位終年辛勞，卻鮮得回報。

馬英九政治上的不沾鍋，難以發揮領導力與執行力。不善用政治領袖所擁有的「恩」與「威」、「紅蘿蔔」與「棍子」，使他用人圈子小，盟友少；但敵人不少，旁觀者更多。清廉與捐獻是高貴的自我實踐，但選民更要求的是推動政策、解決問題。

二十餘年來的台灣民主史，實際上就是一部民主淪為民粹、內耗持續不斷、統獨爭議的突出紀錄。這種鋪天蓋地的政治內鬥，再由反對黨、媒體、利益團體擴大與扭曲，造成了「產、官、學、民」全面陷入「恐懼」、「悲觀」、「冷漠」、「不確定」之中——公部門決策不敢大翻轉，大企業不敢大投資、老百姓不敢有安身立命的大規劃。十多年來出現產業結構調整太慢、企業創新研發不夠、出口市場太集中、法令過時等等困境，大部分源自當年「戒急用忍」、「一國兩制」、「鎖國思維」的後遺症，部分來自近年國際經濟衰退及當前政治困境。

操弄黑金政治與民粹的李登輝與陳水扁，傷了自己，更傷了人民；誤了兩岸關係，更誤了國家長期發展。當李登輝與陳水扁無法有清明政治，他們也就無法理清經濟。

經濟「搞不好」是因為政治「搞不定」；政治「搞不定」是因為政治信念及從政風格「搞不對」。

對未來總統的期待，我們希望「三好」同時出現：除了做人好，還是要先理好政治，才能夠搞好經濟。

二〇一四年五月十一日發表於《聯合報》

10 文明社會哪需要「更正報」？

當前台灣媒體五花八門，對我已構成「注意力」超載；不能再把時間浪費在失實的資訊上。目前讀報的煩惱是難以分辨那些傷及無辜的誇大及造假報導。

在文明社會，早晨讀報是一種等待，現在讀報是一種遲疑。報量下降，不只是受網路影響，更因假新聞不少，壞新聞太多。

一九六一年最年輕的美國總統甘迺迪入主白宮，就說過：「早晨讀《紐約時報》，沒有看到對白宮的負面新聞，就是我一天快樂的開始。」從馬總統到各級首長是沒有這種奢侈。每天看到的都是被罵的新聞。民粹當道時，公眾人物還敢辯護？即使要更正，誰理會？

當前的媒體生態是劣幣驅逐良幣。已去世的諾貝爾經濟學獎得主貝克

（Gary Becker）教授曾被譽為是「二十世紀下半葉最偉大社會科學學者」。他常以「誘因」（incentive）解釋各種社會現象。在言論自由的大旗下，以聳動不實的新聞刺激銷售，沒有受到道德譴責、法律制裁，市場就提供了「無所恐懼」的誘因，使失實報導的惡性循環變本加厲。如有人辦一份《更正報》，受委屈的人便找到了救星。他們終於可以在另一份報紙來辯護。

求正確，文明社會哪需要再更正

優秀人才不肯進政府，還不是薪水低，工作時間長；更是因為首長們常在媒體上被修理，在立法院被羞辱。其他公眾人物——高科技、金融界、影視界等等——面對各種扭曲的報導，也束手無策。

因此文明台灣的關鍵一步就是要有公正媒體的出現；至少要讓受害當事人有媒體可以「講清楚，說明白」。

要辦《更正報》問題當然很多：如「不信者恆不信」、讀者真正關心的是資訊正確性？還是娛樂性？傳統紙媒已陷入衰退，誰還敢再辦一份報？

做一個讀者，想到「更正」及「真相」帶來的好處，還是要鼓吹：

⑴正確的新聞報導，是文明社會的基本人權；是非與善惡不應被扭曲。

⑵讀者不需要花心思去判斷新聞的真假與情節對錯。

⑶給當事人一個說真話的公平機會，是對人的尊重。《更正報》的內容，來自各方當事人的更正，天天都會有稿源（如「綠卡烏龍」及「郭」冠「劉」戴）。

《更正報》的收入，來自更正者的付費，以及代理受害者要求的賠償。

《更正報》不要很多記者及編輯，但需要不少律師，處理相關法律訴訟。

《更正報》對當事人的貢獻是：「還我清白」；對社會價值的貢獻是「真相大白」。出現《更正報》是我的台灣夢之一；更偉大的夢是有一天，台灣變成了文明社會，根本不需要《更正報》。

二〇一七年十一月二十二日發表於新加坡《光明日報》

11 上台的演出要動人

——期望於推動「合作共生」的謝院長

台灣人民終於累了

陳總統主政五年，任命了四位行政院長。歷史將會記載：這一次的新行政院長是否能夠緩和，甚至扭轉，台灣政治的內耗、社會的沉淪、經濟的頹勢與兩岸的對立。

在一而再、再而三、三而竭的內鬥的戰鼓聲中，台灣人民終於累了。因此，去年十二月的立委選舉投票率下降了，對朝野口水戰的看熱鬧降溫了，對政治人物的權謀花招厭惡了！「自求多福」變成了失望中唯一的希望。

過去十多年來，主政人物的「政績」是凸顯了台灣主體意識及當家作主的驕傲。付出的代價是政治掛帥、金權勾結、兩岸緊繃；其中最大的輸家是全體人民，因為他們最關心的民生議題完全被置之腦後。掌握實權的政治人物，變成另一類「命運共同體」，為台灣民主政治寫下了毫無光彩的一頁。

二〇〇四年台灣在經濟成長率、外匯存底、實收稅款等方面有所改善，但財政赤字、所得分配、傳統產業、失業人數、股市指數、弱勢團體、教育改革、環保品質、投資意願等等均不斷出現令人憂慮的現象。簡單地說：政治舞台上的亢奮，選舉場上的支票，意識型態的鼓動，族群之間的操弄，已經把台灣社會推向了四分五裂的邊緣。一眼望去，不應冷漠的人冷漠了，不該沉默的人沉默了！不會出走的人出走了，從不悲觀的人也悲觀了！

再仔細觀察，四處出現了這一幅景象：

(1)台灣人民累了。

(2)台灣社會病了。

(3)台灣經濟弱了。

(4)台灣民主變質了。
(5)台灣公平褪色了。
(6)兩岸情勢惡化了。

曾經是生命力飛揚的台灣，陷入了鋪天蓋地的無力感之中。

謝院長的「合作共生」

就在此一時刻，執政的民進黨終於推出了一位提倡「合作共生」的政治人物：由高雄市長謝長廷出任行政院長。在他一月二十七日發表的〈我對當前政局的看法〉一文中，我們似乎看到了台灣的希望與遠景。引述他的話：「為了安定政局，此時我們所需要的新行政團隊，是一個抱持合作共生理念、強調協商對話機制的行政團隊……，它必須是一個有寬廣視野、有包容格局、有民意基礎、有膽識與實力的安定內閣。」

謝院長的這些承諾立刻可以檢驗：內閣中那幾位爭議性的部會首長，真會強調協商嗎？真有包容格局嗎？真有民意基礎嗎？

謝院長又坦率地指出：「此時，台灣擁有了選擇的機會。我們可以選擇一個『合作共生』的『非零』安定新局，也可以選擇回到過去的『零和』鬥爭遊戲裡。」台灣當然只有一個「合作共生」選擇。正因為當前的情勢是如此低迷，任何一點的突破（如三通、政黨合作），就能再現生機。這樣的轉機說難比登天還難；說易就易如反掌。「難」與「易」的關鍵還是在執政者的格局與政策。

演出要動人

過去三任行政院長的平均任期約為一年半左右。如果這是一個指標，謝院長的施政時間，就要像百米短跑，不能有一秒的遲緩，不能有一步的延誤。

首先要跳脫「四小」的陷阱：小格局思考、受小人包圍、貪求小便宜、自甘於小成。

謝院長要立刻展現大格局者的大有為。突破「政治正確」的思維與「傳統智慧」的束縛。任期長短不是關鍵，關鍵是任內是否有傑出表現。

在千頭萬緒的政策方案中掌握住五個核心施政：國防支出、財稅政策、教育投資、民生議題與兩岸和平。

在資源分配上，自己思考時間上，尤其政策優先次序上，要能掌握住下面「四重」原則，台灣就會重振雄風：

(1)和平比軍備重要：一心一意追求兩岸和平遠比費盡心思購買軍火重要。

(2)經濟比政治重要：政治上的意識型態要趕快煙消雲散，讓經濟歸經濟。

(3)教育與文化比經濟重要：不能變成經濟掛帥而忽視人的品質、生活品質與環境品質。

(4)人民的福祉比個人的得失與政黨的利益重要：因此不能替人民謀福利的官員要下台，不能為社會謀進步的政黨要下野。

再向謝院長提供四點：

(1)戰爭沒有贏家，和平沒有輸家；追求兩岸雙贏，而非台灣獨立，是最重要的政策核心。理順兩岸關係是台灣安定的根本，放棄意識型態的操弄是族群和諧的基礎。

⑵具有後遺症的財政赤字，不能無所抑制；具有破壞性的貧富不均，不能沒有對策；具有指標性的三通，不能任其拖延。

⑶需要調整的稅率要勇敢地調升，不必要的福利支出要快速地減少，不切實際的選舉支票就讓它跳票。

⑷司法獨立必須加速建立，社會正義必須全面提升。

在《八個觀念改善台灣》一書中，我寫過：

十餘年來台灣政壇充滿了貪、私、鬥、爭、騙、狠。擔任首長或民意代表真的那麼難嗎？如果我們選擇了那些有守、有為、有節、有義、有定見、有分寸的人，我們終將看到政治的清流與台灣的明天。

只有講誠信、有定見、敢擔當、具大格局的政治人物，才能收拾殘局，開創新局。

這正是謝院長「演出要動人」的一刻。

二〇〇五年三月號《遠見》雜誌

第三章

廉能脫鉤的政治困境

受制於現實政治中利益交換的潛規則，
政壇上「廉」者無法「能」，「能」者難以「廉」。
以「廉」為首要考量時，
用人的圈子變小，做事的方法變少，
政治上的互動變糟。
這是馬總統清廉付出的代價，
也是台灣民主政治的弔詭。

12

好人沒有好報的弔詭

體民意，五個「一」的要求

一九八八年進入後蔣經國時代。台灣一共有過三位總統：李登輝，陳水扁，馬英九。

陳水扁之後，選民所渴望的新總統是要：一身清廉、一心無私、一家乾淨、一黨自律、一府（總統府）規矩。就在這個民心思變的背景下，清廉的馬英九首先在二〇〇五年七月國民黨黨主席選舉中，以七二·四%得票率超越王金平。又在二〇〇八年三月的總統大選中以五八·四五%比四一·五五%超越謝長廷，以兩百二十一萬票勝出。

勤政事，獨留孤獨的身影

當馬英九以「完全執政、完全負責」的「全民總統」自許時，前面正是「不可承受之重」的陷阱。西方政治中新總統的「百日蜜月」，從未出現。選民沒有警覺到：阿扁執政八年，四處出現了對政治的失望及偏激：⑴不信政治人物的言行。⑵對政府失去信心。⑶「名嘴」變成了社會烽火的點燃者。⑷媒體變成了唯恐天下不亂的鼓吹者。「多元社會」，變成了「多事之秋」。

馬英九的人格特質一直沒變：公私分明、嚴以律己、謹慎規矩。如總統府對溫度的管控、出國訪問不住總統套房、開會吃便當、捐款超過七千五百萬台幣、捐血超過一百八十次。

他不善權謀，決策不會大開大闔。選民也終於痛苦地發現：這樣的個性，所推出的政策，是無法在當前利益勾結與權力共生的派系中獲得支持。台灣的國會已被權謀妥協、派系政治、利益交換所操縱。密室政治的圈外人，只能做旁觀者，擁有多數國會席次的國民黨立委，居然也難以通過執政黨的政策。工作到深夜的馬總統，變成了府中孤獨的身影。

在清水無魚下，總統的「廉」不易產生「能」。國會在各種藉口下，逢馬必反，逢改必反，逢中必反。操縱立法及預算大權的國會議員，則可以呼風喚雨，左右逢源。這些政客活躍在國會的台前與幕後，變成了民主政治最不堪入目的風景。

該怪誰？「全是清廉闖的禍」

當政以來，馬總統在自我道德約束下，不用紅蘿蔔，也不用棍子：其結果是敵人不怕你，立委不幫你，派系不服你，媒體不理你。天真的選民不解：一位正派的總統，怎麼做不成事？選民當然就怪你。

換一個方式說：在馬總統敦厚的性格中，缺少勇氣的堅持，更沒有豪氣與霸氣。馬英九心中有法理，但手上不用籌碼；道理在，但道路不在。他的「正派」敵不過「黨派」；他的政策「美意」擋不住反對者的「生意」。

李前總統提出過充滿豪情的「命運共同體」，實際的操作是「利益交換體」。如果馬總統學學別人「要錢給錢、要職位給職位」，馬英九今天該是何等風光？所有那些貪婪的、犯法邊緣的政商掮客都會奉順與擁護，過年過節過生日，各方送來的鮮花與禮物，官邸都放不下。當前門可羅雀的中興官邸也就變成車水馬龍了。一位國民黨的政壇老將看到當年做總統的威風富貴，感慨地說：「全是『清廉』闖的禍！馬英九為什麼要這樣傷了自己，也苦了別人。」對「廉」的堅持，已使馬英九遍體鱗傷。支持他堅持的力量或許正是經國先生勉勵的話：「粉身碎骨所不計，要留尊嚴在台灣。」

年輕世代攀登正義之山

充滿熱情的年輕世代，如果結合你們的才智，來深入探究追查台灣盤根錯節的政治利益交換，以及國會為什麼如此的陷於惡鬥及無能之中，你們就在攀登一座正義之山。馬英九的失落是廉與能的脫鉤。好人居然無法帶來好結局！

若干年後，歷史會記載：中華民國第十二、十三任總統馬英九（二〇〇八～二〇一六）是人民直選總統以後「以廉治國」的第一人，也是最後一人。

二〇一七年三月　發表於「遠見華人精英論壇」

13 「魔鬼」在細節中，但是「天使」在機會裡

我是一個中間選民，一個中產階級，一個老師，並且自許要做一個進步觀念的播種者。從一九五九年到美國讀書，一直到二〇〇八年，一共關注過十二次美國總統大選。不算福特（Gerald Ford），其中只有二位美國總統競選連任失敗，而失敗的原因都是經濟不景氣。

對卡特而言，那就是「痛苦指數」（失業率加通貨膨脹率）超過一〇%；雷根的話「Are you better off now than you were four years ago?」.,老布希也是經濟走下坡造成了失敗（記得柯林頓的俏皮話，「It's the Economy, Stupid!」）。

此刻的台灣總體經濟實在令所有國家羨慕。台灣的痛苦指數全球最低（表二）。

台灣的每人國民生產毛額（經過購買力平價指數調整）超越四萬美元，超過德、英、法、日本等國（表三）。

按照西方的傳統智慧（conventional wisdom），馬總統的連任哪需要費力？

但是「無感復甦」，「貧富差距惡化」，「起薪太低」的誇大，就可否定馬政府多年來的努力，實在有欠公平。

台灣優勢，大聲說出來

經濟活動中永遠會有各種問題的出現，顯微鏡底下的問題可以多如牛毛，但是執政黨要以望遠鏡，用世界標準一

表二　國家痛苦指數列表

	失業率 (%) (1)	通貨膨脹率 (%) (2)	痛苦指數 (%) (3)=(1)+(2)
台灣	4.4	1.8	6.2 (1)
中國大陸	6.1	5.4	11.5
美國	9.1	2.9	12.0
歐盟	10.0	2.6	12.6
印度	6.8	10.8	17.6
南韓	3.1	4.1	7.2 (3)
新加坡	2.1	4.6	6.7 (2)
香港	5.0	3.2	8.2 (4)

Source: Data from recent issues of *The Economist* in Oct., 2011

清二楚地告訴全體選民：台灣經濟是人民與政府共同打拚的成績，與其他先進國家，是值得引以為傲的，不應當自貶身價。另一個影響民主國家大選的因素當然是戰爭與和平。在這裡馬總統有具體的政績。想想如果沒有直航、陸客及ECFA，台灣的處境會如何？在「不統、不獨、不武」及多種前提的保護下，所提出：可以考慮「洽簽兩岸和平協

表三　2011 年台灣購買力調整後 GDP 超越日、法、德等國

（單位：美元）

國家排名	購買力折算後之 GDP（括弧內為各國名目 GDP）
①中華民國	40290（20040）
②加拿大	40110（47070）
③瑞典	37860（47300）
④丹麥	37470（52320）
⑤德國	36020（37680）
⑥英國	35440（38360）
⑦法國	34620（39370）
⑧日本	34850（44440）

資料來源：英國《經濟學人》專刊：《The World in 2011》，頁 111~119。

注：GDP 有二種方法表示：一為根據當年幣值美元匯率折算，即通常所使用之「名目 GDP」；另一則根據美國物價為基準調整（即泛稱之「購買力平價指數」折算 Purchasing Power Parity。）因富國國家物價高，經折算後，大量下降：台灣則因物價相對便宜，2011 年名目 GDP 的 20040 美元調升至購買力折算後的 40290 美元，超過不少富裕國家。

議」，是具有遠見的政綱，是創造「和平紅利」的大策略。

台灣目前兩個最大優勢（Peace and Prosperity）：就是經濟體質健康，兩岸關係改善。馬總統的內閣要不斷地告訴人民這些大事，而不要被糾纏在很多瑣碎的小事之中，難以脫身。

我們都佩服馬總統對大事的掌握及對細節的重視。我在公開場合中好幾次稱讚他的清廉與博學、奉獻與犧牲，以及耐心與決心。

做為國家領導人：在面對創造機會與解決問題之間，我盼望他多用心力創造機會，讓內閣及相關首長多花時間解決問題。

以一個醫院為例，當病人牙痛得要命求救時，即使是一位全能的院長也不會衝出院長室，去為他拔牙。

社會上每天出現各種問題，就應當有各種層次的公務員處理。總統不是救火員，不是急診室的醫生，不要輕易隨之起舞。

國家領導人要花最多時間來主導創造新機會（此即是泛稱的「願景」）；授權部屬處理舊問題。什麼是大機會的創造？例如：

(1)投資環境如何改善？
(2)教育制度如何調整？
(3)節能減碳如何落實？
(4)政府如何吸引人才？人才如何不外流？
(5)公平稅制如何建立？貧富差距如何減少？
(6)兩岸如何相處？和平紅利如何實現？

這些很多是行政院的權責，但是總統要裁示優先順序，督促完成，自己勤走國內外與各界領袖交換意見，創造新的舞台，構建新的連接，發掘新的可能；也要花些時間走進基層，多講感人的故事。

總統擔心「魔鬼」在細節中，那我要說：「天使」在機會裡。國家領導人要尋找天使，部屬要驅除魔鬼。

一個正常的民主國家，在沒有戰爭威脅，而又有健康的經濟，就像今天的台灣，當選連任是常態，至少不應當選得那麼吃力。

為什麼還有人充滿焦慮？根本的原因是馬政府的政績一再被扭曲，一再被低估，一再不為人知，而馬團隊又不會說故事。執政黨實在太自我局限了，缺少自己的報紙及媒體；能為政策辯護的部會首長也不多。這大概就是為什麼好幾位前輩想以這種小規模的交流方式，增加溝通，使更多選民知道馬政府不僅是「廉」，而且是「能」；不只是「說」，更在「做」。

二〇一〇年來訪的「軟實力」之父、哈佛大學奈伊教授就稱讚過：「馬總統的表現是A。」

台灣夢，逐步實現

我在中日抗戰中的南京出生，因此最渴望的是和平；在南港眷村長大，最希望的是生活改善；在美國讀書教書，最嚮往的是民主、自由、公平、正義。

幾乎使自己難以置信的是，再回到台灣，所有我渴望的、希望的、嚮往的都同時出現在今天的台灣：

- 入國門不到一分鐘，就辦完手續，一張表格也不需要填。

• 任何人都可以公開地批評總統及政府，不需要有勇氣，只需要有時間。

• 報紙及電視出現不實的報導與誇大的評論，超越了一個民主社會中的常規，大家也見怪不怪。

• 在台灣只要努力，就有機會，年輕人當然要奮鬥。大多數人都是中產階級，都擁有自己的房子。

• 平均稅賦偏低，社會福利普遍，健保方便，生活機能豐富，社會治安很好，在沒有排富條款下，還有各種補貼和優待。

一個稍有積蓄的人，退休在台灣，真是華人世界的人間樂土。廉能治國的馬總統，我是「用心」去投票給他。

二〇一一年十一月十一日「黃金十年座談會」

14 「低薪」不是「國恥」，「無能」的國會是

西方人常說：要讓自己鬱卒，就去打聽別人的薪水。人比人就氣死人。

當社會上流行大學生起薪二十二K時，又指出某些職業行業的薪資若干年來沒有調升，甚至下降，瞬間群情氣憤，又多了一個可以責罵政府的好題材。

好薪情，一切取決市場條件

如果有二個人的月薪，一個是超過十萬，一個是低於三萬，低薪的罵政府，似乎是天經地義；那麼高薪的是否就要對政府歌功頌德？好像也很少聽到富人稱讚政府好。

對強調市場機制的人來說，薪水所反映的是這個人的市場價格。如果二萬元起薪，還能找到人，薪水就不能說「低」；如果十萬元還找不到人，反映薪水還不夠高。薪水高低是多種因素相互影響的結果。如果薪資很低，亮起的是警訊，牽涉不到「國恥」這種層次。讓我對影響薪資的因素做一些常識性的解釋：⑴市場的景氣，⑵勞動力的供需，⑶該職業、行業，及工作地區的平均薪資，⑷當事人的性別、EQ，⑸個人的健康，⑹基本工資的水準等。一般說來，決定薪資較重要的因素有三：教育程度、專業及技能，以及年齡。

因此一個在台北、中年、男性、外科醫師的月薪會很高，可能超過一百萬台幣；一個在偏遠地區、高中程度、缺少技能的年輕人，薪資就低，可能低於二萬。對起薪低的這種現象稱之為「國恥」，顯然是太沉重了。

一個心智健康的人，是要靠自己的學習、品德、專業、意志力立足社會；三十年來當我提倡現代社會的人民要減少白吃午餐時，我一定會誠懇地補充：對那些弱勢團體及低所得者，政府及民間應當盡一切力量來幫助他們。這些人的比率在西方社會大概都在一五%左右（七分之一上下）。

改衝闖，年輕人要靠自己

所以二十多歲剛出校門的大學畢業生，如果起薪真是很低，要責怪的是自己沒有準備好，最應當立刻補救的是：要敢改、敢衝、敢闖。「改」是改進自己的專業技能；「衝」是不做宅男宅女，敢向外「衝」；「闖」是指自己的前途自己「創」。前哈佛大學校長桑默斯豪氣萬丈地說：「哈佛畢業生不是尋找工作，而是創造工作。」

政府要做的事千頭萬緒，又加以財源不足，政府是有理由對一個大學畢業生的年輕人說：你可以自立了，你要變成社會的資產，不再是社會的負擔。

什麼才是「國恥」？當多數人缺少能力來看清問題；缺少執行力來解決問題；缺少競爭力能在世界舞台上揚眉吐氣，就會出現國力下降與國家尊嚴衰退。試看當前國會、政府機構、企業等領域，面對各種問題，皆缺少解決的能力。國家機器的運作受阻，社會的進步受挫，這就逐漸接近「國恥」的層次。

二〇一四年三月十二日立院審議服貿協定，次日《聯合報》三版的大標題：

「叫罵、搶奪、扭打、掛彩：朝野三波肉搏戰．服貿一字未審」。這給對岸提供了最好的負面教材：台灣的民主萬萬學不得。

國會這種審查服協的「無能」演出，不叫「國恥」，什麼才是「國恥」？

二〇一四年三月十三日發表於《聯合報》

15 台灣政黨惡鬥

進入二十一世紀以來，富裕及貧窮的地區，都在此刻面臨了人類歷史上空前的難題：從失業、通膨、財政赤字、教育挫敗到氣候惡化，貧富擴大、永續發展受阻、全球領袖短缺。大多數學者認為，這些困境來自：社會共識的難以建立，造成分歧與政策癱瘓。

三十年來虎虎而又生氣的大陸經濟也在掙扎喘氣；十多年來一直被邊緣化的台灣，雖因四年來兩岸關係的突破，開闢出一條生路，但仍無法應對全球衰退的衝擊；更嚴重的是：正如歐美國家，台灣兩大政黨之間也無從取得政策共識。

台北的政府早已沒有中共體制下的權威，卻不自覺地接收了美式民主下的各種弊病。立法院中執政黨占有多數，但難以發揮多數優勢，這是民主政治運作中所罕見。因此，執政黨主席、黨籍立法院長、黨籍立委，是無法向選民交代的。選民投國民黨，就是要執行競選政策；而不是在議事規則的煙幕和權謀中，該通過的法案一拖再拖。

化惡鬥，期盼兩黨同為台灣謀幸福

台灣社會結構的穩定，是來自人民勤奮、教育普及、中產階級占多數、大中小企業的共生，以及散布各處及各行業的旺盛生命力。除了選舉時刻出現較明顯的族群效應及統獨之爭，在大多數時刻，台灣真是一個相對安定、安全以及小康、小幸福的社會；但是政治上兩黨的對立卻又痛苦地證明：家不和，萬事不興。

三十年來國際上稱讚台灣的「寧靜革命」，卻因兩黨的權力算計，尤其在兩岸政策的歧見上，帶來了國會的不寧靜，以及因此擴散到各層面的不寧靜，在理性的選民眼中，這真是不可原諒的政治人物權力欲的作祟。在國會殿堂及很多傳媒中，最常出現的是逢「漲」必反、逢「改」必反，逢「中」必反；至於逢「馬」必反更是理所當然。我曾稱前面「三反」為當前的「台灣病」。

面對全球危機及台灣衰退，台灣人民渴望：新的立法要帶動大規模的改革，政府接著就要有大魄力的推動。推動改革的前提，是政黨不再對立，因此一些政治人物建議，召開國是會議，化解惡鬥，變成了此刻唯一的藥方。時間從不站在台灣這邊。我們已經錯失太多機遇：如一九九〇年代提出的亞太營運中心，兩岸經貿的開放，以及今天兩岸資源的加快整合。

二〇一二年九月下旬在美國，看到傳媒對民主與共和二黨政策分歧的報導，一如台北。「民主」不再是人民作主，而是傳媒和政客在作主。理性選民不應當容忍變質的民主。台灣要減少兩黨惡鬥，必須要靠兩黨領袖，做出理性的選擇，共同勇敢地，至少走出一步：

- 「退一步」相互折衷。
- 「讓一步」取得共識。
- 「進一步」理性獻策。

•「跨一步」全力推動。

政黨的任何一步，都是人民幸福的一大步。

二〇一二年十月號《遠見》雜誌

16 從政者不會變成天使
——傅利曼送給我們最好的忠告

諾貝爾獎得主的提醒

一代大師諾貝爾經濟學獎得主米爾頓．傅利曼（Milton Friedman，一九一二～二〇〇六）教授於十一月十六日去世了，享年九十四歲。市場經濟的世界舞台上消失了這樣一位才華橫溢、辯才無礙的主角會變得太寂靜了。

在三十餘年教書的生涯中，常常指定傅利曼教授的專著、論文及時論為教本及參考讀物。在他浩瀚的著述中，對我們台灣社會此刻最有切身感受，也最會有得益的一個見解，很湊巧的是出現在與他的請益中。這個觀點就是：「從政者不會變成天使」。

剛好是二十年前（一九八六）的十一月，在他舊金山寓所，我做了一次兩小時多的訪談。從他寬敞的客廳外眺，舊金山美麗的景色盡收眼底。「我與羅絲（傅利曼的夫人）常常在斜坡上走上走下。」傅利曼教授指著窗外的南方說：「那是中國城，我們有時去那邊幾家很好的中國餐廳。」

那時他七十四歲，不久前他安裝了心臟調節器，但絲毫沒有影響他講話的快速與思路的敏捷。一如往常，對任何違反自由經濟與市場法則的政策與論點，仍然毫不放鬆地指責。他的夫人坐在一邊傾聽。

靠制度，規範民主

訪談從那年剛宣布的諾貝爾獎得主貝凱能（James M. Buchanan Jr.）教授的貢獻談起。

問：你得獎時（一九七六年），有人說「天下哪有白吃的午餐」可以概括你的重要概念。托賓（James Tobins，耶魯大學教授，一九八一年諾貝爾獎得主）得獎時，他自己說「不要把所有的雞蛋放在一個籃子裡」是他研究的主題。你能不能用一兩句大家都懂的話，來解釋貝凱能教授的公共選擇理論？

答：（沉思了一下，傅利曼教授答問題時，絕少見過他沉思）人民擔任公職或民意代表後，並不會變成天使。

問：從政者就如一般人一樣，有他的弱點？

答：從政者就如一般人一樣，在追求個人的利益，他們不會變成天使。

問：這樣說來，貝凱能的理論是很平易近人，人人能懂的？

答：事實上，幾乎所有重要的發現或者獨到的見解，都可以拿平易近人的方式來表達。

貝凱能教授的貢獻，是在他的學說提出之前，經濟文獻中充滿了雙重標準：假定私人企業的行為完全是為了「利」，又假定政府部門的行為則是為了「公」。因為前者求「利」，因此要加予各種限制；後者是為了「公」，因此要不斷擴大。

貝凱能則以實證研究來探討從政者的實際行為。例如聯邦準備銀行主席說他的政策是要對抗物價膨脹，但我們不能信以為真，我們要從他的實際作為中來判斷。

這次訪談於《遠見》雜誌一九八七年的元月號刊出，即以「從政者不會變成天使」做訪談標題。

一九八七年還是威權時代，經國先生在次年一月去世。那是台灣民主浪潮、街頭運動、黨外活動、廢除戒嚴等等風起雲湧的年代。我以這個標題提醒當時大權在握執政的國民黨，沒想到二十年後同樣的話，更適用於已經執政六年的民進黨！

放眼台灣今天的政壇人物，能不佩服貝凱能的遠見與傅利曼的憂慮？

「民主」這個機制，只能靠制度來規範，不能靠從政者來自我約束。台灣人民已經付出慘重的代價，做選民的我們不能忘記自己嚴格的監督責任；因為從政者不會變成天使。

二〇〇六年十二月號《遠見》雜誌

第二部

飛越

新平庸的世界

興利與開放的政策，稍有負面效應，就一定被批評得體無完膚。
只要政策是利遠大於弊就值得推動；一些受到波及的，可以用別的方式彌補，但不能因此被否決。
為了「防弊」，就要增設各種防範，
它就扼殺了彈性、創新、生機及新產業及異業結合的可能性。
二〇一四年公布的台灣全球競爭力排名已從去年的十二名跌落到十四名。
事實上，只要政務官有膽識，敢革新，多如牛毛的各種限制，是可以鬆綁的。

「興利」是為人民增進福利，是把個人與社會的財富與機會增加，是把「餅」做大。
「餅」做大之後，才容易共享與分配，不要恐懼「讓一些人富起來」。
因此讓人民富起來，使他們多付稅、多投資、多貢獻才是上策。
當前台灣任何「開放」措施已被利益團體、保護主義、政治算計綁架。
兩岸服貿在立法院的一再拖延就是一例。
我們當然知道：
「開放」是一個民主體制、法治社會及照顧弱勢下的折衷。
當台灣不敢、不夠開放時，
也就會理所當然的變成國際貿易協定的局外人。

第四章

開放與興利才是活路

美國對付經濟衰退，必須要增加成長；

但這種成長必須也要建築在別人的成長上。

「零和」思維早就應當被「雙贏」來替代。

這就是為什麼，台灣要自信的把大門打開，跨越「保護」情結，

誤認為好像一開放，什麼產業就會被擊垮，什麼產業的人就會失業。

台灣經濟與企業家怎麼可能這樣脆弱？

全球化就是靠這一隻看不見的手在裁判優勝劣敗；

它不需要時時刻刻靠政府監督，大小事情靠政府決定。

17 台灣要自信地更開放

台灣更開放的健康心態是：視野不再盯住本土，心思不再鎖在家園，格局不再限於島內。

再打拚，沒有理由自卑

不論台灣媒體在報導的篇幅上，有多少人在抱怨，與當前世界每人所得排名前三十名相比，台灣人完全沒有自卑的理由。如果有民調詢問因為對台灣生活不滿想要移民的人數，我猜想應當是微不足道；相反的，打算留在台灣繼續打拚的，應當是絕大多數。這或許是台灣民主政治的弔詭，儘管對政府施政不滿意，但對自己的生活還滿意。

在國際評比中，二〇一二年六月IMD的全球競爭力排名，美國第二，台灣第七，南韓二十二名，中國大陸二十三名，日本二十七名。世界銀行發表的《二〇一三經商環境報告》，在一百八十五個經濟體中，台灣「經商便利度」總體排名全球第十六名，較去年的二十五名進步九名，超過加拿大、德國和日本。

台灣當然還要急起直追。從這次經濟衰退中得到的二個重要教訓是：(1)產業結構要快速地調整，唯有加速發展高附加價值的產業，才能有國際競爭力。因此，有些不具競爭力的產業慘遭淘汰，就變成不得不接受的現實。(2)擴大內需與提升服務業是最穩健的策略。當政府的公權力愈來愈受到挑戰時（如環保評估之不過，法令規章修改之不確定性），不僅「台灣小吃」在支撐觀光，更需要千軍萬馬的小型服務業遍地開花，在全島各地創造就業機會。

多創意，展現台灣社會特色

當更多人訪問台灣時，他們大概難以相信在這個二千三百萬人民的島上，可以驚喜地看到這些特質：

(1)這是華人世界中最民主與開放的社會，並且生動地夾雜了一些「亂」中有「序」以及「鬧」中有「趣」的多元。

(2)這是一個方便、安全、價格適中的旅遊之地。高鐵、捷運、公車、計程車應有盡有；既有山，又有海，真是美麗之島。

(3)都市與鄉區的人民，共同擁有友善與熱情，使你賓至如歸。

(4)四處可以看到現代、傳統、本土的生活方式、民情風俗及多元建築。目前在台的外籍配偶，已近四十七萬人。

(5)台灣又是一個科技與人文的匯聚之所，科技產品暢銷全球，文化產品散布全島。

對內鬆綁，對外勇敢的更開放

最近幾次的經濟衰退警告我們：台灣必須要加速對外開放，對內鬆綁，不是更膽怯、更緊縮。全國上下要勇敢地爭取大陸來台投資、觀光、就學。「開放」是吸收外來的資金、資訊、人才。「鬆綁」是增加內部效率、創新、整合。

二〇一二年曾來台灣訪問的諾貝爾經濟學獎得主席姆斯（Christopher A. Sims）教授提醒大家：美國對付經濟衰退，必須要增加成長；但這種成長必須也要建築在別人的成長上。「零和」思維早就應當被「雙贏」來替代。這就是為什麼，台灣要自信的把大門打開，跨越「保護」情結，別誤以為好像一開放，什麼產業就會被擊垮，什麼產業的人就會失業。台灣經濟與企業家怎麼可能這樣脆弱？全球化就是靠這一隻看不見的手在裁判優勝劣敗；它不需要時時刻刻靠政府監督，大小事情靠政府決定。

台灣當前最缺乏就是一種再開放的自信。法國前文化部長賈克朗（Jack Lang）在一次來台灣訪問時，分享他的觀感：「……從來沒有一個地方像台灣這樣充滿活力，又擁有豐富的文化……簡直是一個理想國度。我們需要台灣，世界需要台灣。」

他的這番話正呼應我歷來提倡的：「讓世界親近台灣．讓台灣思索世界。」「更開放」的政策，就可以點燃再出發的熱情。

二〇一二年十一月號《遠見》雜誌

18 國力衰退之路

——不敢開放，不敢興利

二〇一二年《遠見》民調「十一位部會首長滿意度調查」顯示：財政部長一九．四%，經濟部長一一．九%，經建會主委八．四%，三位掛車尾。民眾「無感」的主因，就是來自對首長執政表現的滿意度太低。

二十世紀下半葉，西方經濟學界掀起了以芝加哥學派為首的傅利曼教授熱潮。他對市場經濟的情有獨鍾，可以他的「名言」來反映：

到地獄之路是經由政府的好意。

這位辯才無礙的諾貝爾獎得主於二〇〇六年去世。他大概沒想到兩年後的金融海嘯以及此刻的全球經濟衰退，捨棄了他「小政府、大市場」的理念。以克魯曼（Paul Krugman，也是諾貝爾經濟學獎得主）為首的凱因斯學派再度興起：「市場機制無法重振經濟衰退；唯有靠政府大量舉債，大量支出，才能扭轉大衰退。」

因此每一個政府都肩負起「救難」的責任。台灣進入總統直選的民主時代後，不論國民黨或民進黨執政，對付經濟問題（除了兩岸政策）的措施如出一轍，在民意壓力下盡一切可能討好選民，也就是，寧可舉債度日，也不敢減少「白吃午餐」。這就出現了：

- 盡量不要加稅；不要調整稅率。
- 盡量維持及增加各種補貼。
- 盡量增加各種社會福利。

「民主」政治變成了「民粹」政治，任何一個政黨執政，都變成了民粹的俘虜，得到短期「實惠」的，還認為政府做得不夠多。台灣當前的經濟問題，低薪資、找工作不易、出口衰退、電子產業失去光輝、產業結構調整緩慢、投資環境未見改善，全來自個人、企業及整體競爭力的衰退；此一衰退正是多年來被政府慣壞，所累積的弊病：

(1)不敢多開放（保護主義）：以外貿為主的台灣，居然可以一直靠二面手法生存——輸出時要貿易自由，進口時則設有各種限制。在即將商談雙邊自由貿易協定時，一些產業不改變受保護的心態，協定是簽不成的，馬總統已直言經濟自由化程度之不夠。前國安會祕書長蘇起指出：「保護主義是全台灣很大的問題，對國家長遠政經發展非常不利。」

「保護」主義就是面對外國的競爭，不敢開放，更不敢多開放。其結果就是退縮，更沒有競爭力，更難在世界市場上立足。

(2)不敢多興利（防弊心態）：台灣的產業——從金融到教育，處處受到一層又一層的管制。受到管制多的產業，一定就是競爭力低的產業，大陸、日本、台灣都充滿了這種失敗的例子。

為了「防弊」，就要增設各種防範，生怕圖利他人，生怕不確定性。所增設的各種規定，又再做最僵硬的解釋，它就扼殺了彈性、創新、生機及各種產業及異業結合的可能性。政府太歡喜管制，太不放心鬆綁。政府要勇敢地冒些風險，減少管制，讓市場機制決定優勝劣敗，才能提升競爭力。

一國經濟的實力，需要有世界級的產業支撐，如韓國的三星與台灣的台積電與鴻海。在太多保護及太多防弊下，台灣是愈來愈難以出現世界級產業。

二〇一二年十二月號《遠見》雜誌

19 啟「開放」門，破台灣「悶」

「開放」與「格局」決定台灣經濟興衰。當前半開放的心態、小格局的自憐與缺乏自信，正是台灣的流行病。唯有政治上放下意識型態，貿易上放下保護主義，言論上放下唱衰自己，台灣才能東山再起，重振雄風。

小格局，造成恐懼與衰退

台灣之悶，來自經濟成長率、外銷、內需、投資、失業等指標缺少有力道的改善，也反映在立法院對行政院所提公共政策的僵持上，更受到某些媒體誇大的負面報導，使真相模糊。

台灣真實的小幸福的生活面，是難以在媒體上感覺到的。二者的落差正就是意識型態、政黨對立、保護主義、唱衰自己等那幾道鐵門，鎖住了台灣之心。（中國文字中的「悶」不就是應當這樣解釋嗎？）

啟「開放」之門，就是先要剷除內心深處小格局思維。趙耀東擔任經濟部長時說過：「決策討論時，我最怕聽到那些小格局的看法。」當小格局影響政策方向時，就立刻被各種恐懼綁架：恐懼自己會上當，恐懼無力面對改變，恐懼「有力團體」反對，恐懼「短期衝擊」太大，恐懼「意識型態」不正確，恐懼輿論責難，恐懼立法院通不過。在這種退縮的氣氛下，政府無法規劃大願景、掌握大趨勢、開創大局面。

過去二十年，兩位前總統，面對中國大陸交流時，所表現的小格局思考，就是一個恐懼與退縮的場景。那失去二十年的機會，台灣再也無法追回。

何謂「大格局」？

大格局者——

(1)看得寬與廣，看得深與遠。
(2)沒有「小我」與「自我」的局限。
(3)不受「小人」與「左右」的阻擋。
(4)敢突破「傳統智慧」與「政治正確」。
(5)有「一笑泯恩仇」的氣度。
(6)有「知其不可而為之」的膽識。
(7)大格局的焦距不在短期，利益不歸自己。
(8)所計算的是大帳——社會的大帳、國家的大帳。

這樣的格局與這樣的政策必有爭論、也具風險；但也可能產生石破天驚的效果，創造歷史的新頁。

大格局者的特質——

就整個社會而言，大格局思考者愈多，社會就愈往上提升，因為大格局思考者會擁有四項特質：

(1)一種全球布局放眼世界的策略。

(2)一種意氣奮發四處擴散的生命力。

(3)一種泱泱大國的公民氣質。

(4)一種為下代子孫永續發展的深思熟慮。

——摘自《八個觀念改善台灣》第一章（高希均，天下文化，二〇〇四年）

再看當前台灣，在產官民三大領域中，小格局的陰影猶在。

(1)產業界甘於小成（不敢大創新）。

(2)政府只敢做「小決定」（不敢大突破）。

(3)民間只想貪圖小便宜（不肯多付稅）。

台灣之「悶」是這「三小」的溫水經年累月煮出來的。此刻必須要讓我們的心智、思維、步伐、策略、創新、膽識來個徹底的解放，把它們放大、放快、放遠。

唯有開放，才能破悶

如果產官民三方能共同努力，構建開放社會，那麼鎖住心胸的那幾道鐵門就能打破，競爭力的提升就有可能。美國競爭力在全球評比中常獨占鼇頭，就是因為它是全世界最開放的社會。一九九七年當時行政院長連戰力邀哈佛波特教授來台傳授「競爭力」時，波特就指出，美國的開放，使它吸引了各國出生的諾貝爾獎得主；全球頂尖的科技人才；政府公債可以靠各國外匯存底來購買；美國消費者可以享受全球價廉物美的商品。其產生的乘數效果，就變出了世界上最擋不住的競爭力。

從美國例子中，清清楚楚地看到，社會愈開放（如人才、資本、科技、產品、勞務），競爭就愈激烈，生產力就愈高，產品的品質就會愈好，價格就會愈低，消費者就愈受利。反之，愈不開放，愈相信保護的，消費者愈得不到價廉物美的好處。

那些反對開放的人，事實上是犧牲了全民利益，來保護低效能產業，使全民受損。這種為一己之私，犧牲整體利益的例子，在民粹的操弄下，反而能得到更多「民意」的支持，令人百思不解。

市場經濟本來就是靠優勝劣敗的競爭，來鼓舞生產者不斷提升競爭力，而非靠政府持續的保護與津貼。靠保護的產業，即使得到短期補貼，也不能因此而不開放市場。

找機會，活化民間活力

三十年來大陸只敞開了半扇開放之門，已經在世界市場上勢不可當。面對開放，我們的官員太謹慎小心；民意代表則心中各有利害關係的盤算；產業大多數穩紮穩打；最敢冒險、最有衝勁的還是民間的中小企業。

民間把問題看成機會，小格局者把機會看成問題。當非洲人不穿鞋時，民間的鞋業看到的是空前的機會，小格局者看到的是赤腳。民間不會一心一意在細節中去找魔鬼，卻會全心全意在機會中找天使。

開放的大格局必須政府官員與民意代表先開始提倡；他們通常高估了自己聰敏的裁決，「保護」的「好意」常常得不到「好報」，他們低估了民間的本領與智慧。民間不需要政府與立法院的保護與津貼，但迫切需要公部門的效率與執行力。

二〇一三年八月號《遠見》雜誌

20 不做「區域經濟夥伴」的局外人

威權時代，領袖決定政策成敗；民主時代，民眾的共識決定政策能否啟動。因此「未來」不掌握在政治人物手中，而植根於這一代人民「與時俱進」的思維中。美國前副總統高爾在新著《驅動大未來》中指出：「面對未來，人類最需要的其實就是改變思考模式。」

「變」變成了進步的前提。因此啟動政策前的「說服力」變成比政策推動時的「執行力」更重要。「台灣大未來」的前景，就看社會能否盡快在變局中建立四個「大共識」：(1)大格局思維，(2)大開放政策，(3)大中華的資源整合，(4)大未來的願景——構建文明社會。當前台灣要力爭上游的策略是：破「悶」、「闖」關、「衝」區域經濟夥伴關係。

悶：當前小格局的思路、半開放的心態與兩岸資源整合之遲疑，正是台灣的困境。唯有心態上放下鎖國思維，貿易上放下保護主義，政治上放下意識型態，言論上放下「唱衰自己」，國會中放下特權、杯葛亂象，把下一代幸福看得比自己的權力更重要，台灣才能重振雄風。

進一步說，當前之「悶」，就是來自經濟成長率、外銷、內需、投資、失業等指標缺少有力道的改善，也反映在立法院對行政院所提公共政策的僵持上，更受到某些媒體誇大的負面報導，使真相模糊。

台灣真實的小幸福的生活面，是難以在媒體上感覺到的。二者的落差正就是意識型態、政黨對立、保護主義、唱衰自己，鎖住了台灣之心，形成四處擴散的「悶」。

「闖」——展現躍馬中原的豪氣

闖：破悶之道，就是被困之馬，要展現躍馬中原的豪氣、奔向世界舞台的志氣。我們的領導人姓馬，馬總統要以前所未有的策略與霸氣，集中精力和力道闖過二關：第一關：使立法院不再是施政的絆腳石，重大法案務必用各種方法及時通過。第二關：通過後的重大法案，各部會在行政院整合下，務必劍及履及地、不打折扣地切實推動。闖不過這二關，台灣是沒有機會與大陸朝「共同市場」方向整合，也更沒有可能走向世界舞台，簽訂台灣經濟賴以生存的各種區域性經濟協定。

這當中最關鍵的第一關就在立法院，立法院通過法案的效率，決定了王金平院長的一生功過及政治生命；也決定了「馬」能否闖出「王家大院」，更決定了台灣能否走向世界。前經濟部長尹啟銘指出：「立法院莫成台灣經濟殺手。」

郭台銘說：台商只要公平待遇

我自己從一九八八年第一次回大陸訪問，到今天也只有二十五年的時間，大陸已躍升到世界第二大經濟體，僅次於美國；外匯存底超過三兆美元，全球第一；有幾個省份一省的GNP已超過我們整個台灣；更不要忽視大陸各地對基本建設（如高鐵）之巨額投資，包括高等學府方面的進步，令人同樣驚喜的是諾貝爾文學獎的得主莫言先生，是一位完全在中國土地上孕育揚名的作家，以及近日嫦娥奔月的太空壯舉。

六十年來，台灣與大陸二邊的進步已經從過去的相互否認、相互排斥，逐漸進步到相互容忍與相互交流的地步。

今天的台灣，處處可以看到人民的自由、自在、自我；因此也就看到了人民的品質、民間的活力、人性的尊嚴，以及自我選擇的生活方式。

英國《經濟學人》在《二〇一四世界展望》專刊中預測，台灣二〇一四年每人所得經過購買力平價指數折算後為四萬二千美元，也仍高於英、法、日、韓（三六三六〇美元）、中國大陸（一一〇九〇美元）。

台灣當前面對的問題：如競爭力衰退、投資不振、輸出減少、人才外流、國際空間不足、簽訂自由貿易協定不易。發生在別的國家就難以處理。幸運的是這些棘手問題，完全與兩岸關係相關，如果兩岸互信增加，關係改善，透過協商和資源整合，構建共同市場，兩岸就會同時出現雙贏。正如鴻海郭台銘董事長所指出：大陸必須要把「台胞」視為「同胞」，使台灣與大陸企業享受同等利率，稅率及法令規定，「台商不需超國民待遇，只要公平競爭。」

「衝」——勇猛地行動

衝：它是「重」與「行」二個字的組合，就是要「勇猛地行動」。競爭力、外銷、大陸經濟、世界市場，是台灣經濟賴以生存的四個關鍵詞。產品必先要有競爭力，才能有外貿優勢，才能在大陸及世界市場上占一席之地。當各國急切地爭取區域經濟中雙邊自由貿易協定（FTA）時，台灣面臨的挑戰，不僅是國際空間與現實政治的限制，更有立法院的強烈杯葛，使兩岸「服貿協議」放在立法院幾乎動彈不得。

目前約有近三百八十個雙邊FTA的區域貿易協定（RTA）在運行，台灣必須要全力衝刺。面對韓國與大陸簽訂FTA的時間表，以及上海自由貿易區的啟動，幸而看到馬政府也在加快推動我們的「自由經濟示範區」。

一九九〇年代中期李登輝的「戒急用忍」，就使當時台灣推動「亞太營運中心」的大策略，胎死腹中，卡住了台灣與區域聯結近二十年。台灣已嘗過一次經濟邊緣化的惡果，如果此刻不立即以具體的開放政策，減少自身的保護心態，是無法進入美國主導的TPP（跨太平洋戰略夥伴協定），以及「東協加六」為主的RCEP（區域全面經濟夥伴關係）。前副總統蕭萬長在美國演講時指出：「若將台灣納入TPP，美國不僅是對忠實好友提供協助，更能讓美國企業善用與台灣的夥伴關係，擴大在東亞的市場與發展。」一旦台灣被摒棄在外，我們就變成了太平洋貿易圈中的陌生人及經濟孤兒，這將是不可思議的悲劇。

二〇一四年一月號《遠見》雜誌

21 興多數之利，開台灣之門

二〇一四年七月之後，經濟部長張家祝及教育部長蔣偉寧，在不斷被謾罵以及缺乏證據的懷疑聲中，相繼毅然辭職，表達了他們不戀棧的尊嚴及無言的抗議。廢寢忘食推動政務的首長，就這樣黯然離去。

接任經濟部長的杜紫軍與教育部長的吳思華都有豐富的學經歷、溝通力及執行力，在《遠見》專訪中，杜部長直指：「繁雜的業務與政策應回歸原點：產業轉型與貿易拓展。」吳部長說：「有人說我該去當經濟部長，但我認為，教育更重要；教育沒做好，產業就無轉變。」在馬政府剩下一年多的時間，兩位首長別無選擇，只有轟轟烈烈地做出一番政績。在這個少數人擅長謾罵與硬拗的政治環境中，他們必須要堅持「二個堅持——興利與開放」。

研究領導學的西方學者指出：領導人的最重要責任是創造興利的機會，不是投入全面細節；是推動開放競爭，不是閉守保護。

一九九七年競爭力大師波特教授來台講述全球競爭策略，當他被遠東企業徐旭東問及「為什麼近幾年美國在全球競爭力排名中一直領先」時，他的答覆斬釘截鐵：「因為在當前的世界中，美國擁有最開放的社會。」唯其如此，美國擁有來自世界各國的：(1)頂尖人才，(2)最新科技，(3)巨額資金，(4)新穎產品，(5)多元資訊。

憂台灣，少數極端主張

大多數人感受到的「小確幸」，在當前全球紛亂的世局中，是一種可貴的安定感；可惜另一方面一些極少數人的極端主張以及表達方式的強烈，已經偏離了民主常軌，綁架了公部門運作，嚇阻了優秀人才進入政府，以及下一代的發展。

目前流行的這些極端主張——不論是針對經濟、教育、兩岸、民生等，都可以在「人民權益」、「財團掛鉤」、「黑箱作業」、「政府無能」、「出賣台灣」等指控下，變成了阻礙重大政策的工具（如服貿協議）。這些極端主張，在兩岸互動上，反對開放與交流；在公共政策上，要更多的干預、津貼、分配、福利。其核心思維是要求政府不計成本地提供更多的白吃午餐，來減少貧窮差距；不能接受市場機制所產生的優勝劣敗。市場機制當然不是完美的，更不是萬靈的；但是政府管制與干預的擴大，會帶來更多災難。當大陸積極深化市場改革時，台灣少數人卻選擇另一條接近集權主義的路。

焦點錯，防弊與保護不是重點

台灣經濟的「悶」就是來自防弊與保護。

在民粹的壓力下，只要興利與開放的政策，稍有負面效應，就一定被批評得體無完膚。只要政策是利遠大於弊就值得推動；一些受到波及的，可以用別的方式彌補，但不能因此被否決。

為了「防弊」，就要增設各種防範，它就扼殺了彈性、創新、生機及新產業及異業結合的可能性。二〇一四年公布的台灣全球競爭力排名已從去年的十二名跌落到十四名。事實上，只要政務官有膽識，敢革新，多如牛毛的各種限制，是可以鬆綁的。「興利」是為人民增進福利，是把個人與社會的財富與機會增加，是把「餅」做大。「餅」做大之後，才容易共享與分配，不要恐懼「讓一些人富起來」。因此讓人民富起來，使他們多付稅、多投資、多貢獻才是上策。

當前台灣任何「開放」措施已被利益團體、保護主義、政治算計綁架。兩岸服貿在立法院的一再拖延就是一例。我們當然知道：「開放」是一個民主體制、法治社會及照顧弱勢下的折衷。當台灣不敢、不夠開放時，也就會理所當然的變成國際貿易協定的局外人。

政府的公務員在當前的環境下，應當深切體認，你們的護身符是為多數人創造「興利」，你們的殺手就是為多數人爭取「開放」。

二〇一四年九月十一日發表於《聯合報》名人堂

22

開放觀點

──「讓利者」就是「得利者」

歐盟被認為是二次大戰後人類最文明的發明。不論它今天二十八個會員國有多少爭執，最重要的是它達到了創設最重要目的：以經貿交流終結戰爭浩劫。半世紀以來三億多人口終於免除了戰爭的恐懼，贏得了和平紅利。

兩岸六十餘年來的對峙與緊張，也終於在二十多年來跌跌撞撞、曲折向前的經貿交流中逐漸降溫。連戰先生二〇〇五年的破冰之旅是一個重要突破。接著馬英九於二〇〇八年五月接任總統後，立刻實現了直航、陸資來台、簽署ECFA等，兩岸關係終於進入了一個穩定的新局面。

服務貿易協議在台灣雖然尚未完成審核，但做為一個自由貿易的鼓吹者，讓我向北京建議，單方面宣布其中特別有利於大陸方面者先實施：如對金融業務及電子商務的放寬、證券業執照的核發、人民幣的兌換，以及醫院的設立。

粗看起來，北京選擇性的「讓利」，又會引起在「搞統戰」、「收買人心」等批評。大陸應當直說：「不要認為這是『讓利』，事實上，大陸人民在『得利』。」

當一百三十多國給台灣「免簽證」時，台灣人民少了簽證費，好像那些國家也都在對台灣「讓利」，實際上當幾萬人變成了他們的觀光者，誰是真正的得利者？生活上「讓利」的例子隨處可見：商品大打折扣到巨額抽獎。最後「得利」的，就是當初「讓利」的。

如果大陸方面真有單方宣布實施的可能，一方面是增加了台商的商機，同樣重要的是大陸消費者可以得到更好的服務，對當地服務業產生競爭，也提供了工作機會，大陸變成了真正的得利者。地區之間之所以需要經貿往來，就是存在雙方互利的機會。即使當雙方關稅討論陷於僵局時，一方單獨宣布降低關稅，該地消費者之「得利」也會大於給對方之「讓利」，這就是「開放」的經濟誘因。

大陸朋友來台灣常去高雄佛陀紀念館。開館以來，每年都有一千萬人去參觀。它是不收門票的。很多人向星雲大師建議：「如果一張門票收台幣一百元，一年就有十億台幣收入。」大師總是笑笑地說：「『捨』就是『得』。不收門票人來得多，來了之後看到『三好』：『做好事，說好話，存好心』，如果他們回去以後能做到一些『三好』，那麼產生的好處不曉得要比門票收入大過多少倍。」看起來佛光山在「讓利」，實際上整個社會在「得利」，這不正是「捨」就是「得」？

談開放，兩岸都還有再努力的空間

半世紀以來，當貧窮落後的中國啟動經濟發展時，最具決定性的二個關鍵詞是：鄧小平提出的：「改革」、「開放」。這是一個奇妙的組合，二者相互依存，缺一不可。改革而不開放，一事無成；開放而無改革，根本不可能。經貿領域中的「開放」是指法令鬆綁、減少管制、減少審批；相信市場機制的優勝劣敗；相信價格功能遠比道德勸說有效；相信市場的效率高於政府。

台灣是在半改革與半開放中，創造了經濟奇蹟。然後在一九九〇年代兩岸交流上，未能掌握先機，錯失良機。大陸是在更小幅度的改革與開放中，曲折向前，但是仍然創造了另一個前所未有的局面。但是經濟政策不再立刻做根本性的調整，經濟成長是無法持續的，這就是為什麼李克強接任總理後要大力地改革。

在中外歷史上留名的改革者，必然是勇敢無比的開放者（也可稱開拓者）。他們為社會及人民創造新的機會、新的市場、新的可能。

改革者需要遠見與格局；開放者需要說服力與執行力。二者都需要無私的人格魅力及道德勇氣。

政治人物一旦走投無路，只有靠「開放」再創政治生命，自救也救人；一旦仍要堅持走鎖國的路，那是害人也害己。

二〇一四年六月十日發表於《聯合報》

第五章　與時俱進中改變觀念

半世紀以來，台灣走過的路：

有經濟的成長、有教育的進步、有開放的起伏、

有民主的艱辛、有族群的對立、有戰爭的威脅，

正可以給尋求進步的開發中國家參考。

用坊間的譬喻來說，

台灣先求人民有更多饅頭（生活改善），安定社會；

一旦有了饅頭，就會出現拳頭（群眾力量），爭取更多權益；

最後各方認清只有靠人頭（投票選舉）來決定民主進程。

這也是二十世紀中葉亞洲四小龍的經濟成長與民主發展的縮影。

23 不做舊思維下的新囚徒

——決策要與時俱進

舊思維是在「溫暖的心」驅使下，所實行的封閉、保護、補貼、照顧、獎勵等政策，以獲得民心；現代決策要以「冷靜的腦」注入專業判斷與永續發展，追求效率與公平。

公共政策引起爭論的一個關鍵因素是：時代改變了，環境改變了，科技改變了；新資訊出現了，新經驗累積了，新需求產生了，「政策」就必然會產生「今是而昨非」及「今非而昨是」的現象。

新競爭，需要全球化的創新

我們不需要捲入執政黨與在野黨對某一政策的攻防，更不要受到政治算計的影響。如果決策的改變，確實在反映對現實情勢的判斷，對科技進步的掌握，對未來發展的調整，對世界各國政策的借鏡，特別在當前永續發展大議題之下的氣候變遷，節能減碳、核能發電、新能源的開發等，那麼我們就要歡迎這種「與時俱進」的改變。改變的速度就決定了社會進步的速度。

決定某一產業政策的走向當然受一國經濟水平與就業水準的影響。四十年前在「一切為出口」的政策下，為了賺取外匯，甚至犧牲了環境品質。當每人所得逐年提升時，新的價值觀就會替代。評斷產業發展的標準就會從產值面，轉移到社會成本及環保影響。政策上就要把被議為Garbage、Noise、Pollution的GNP，轉變成人間淨土（Great Neat Place）。近年來，內外有識之士不斷呼籲，經濟成長除了所得與消費，更要重視個人的快樂、家庭的幸福及社會的永續發展。胡錦濤二〇一一年四月中在博鰲論壇上的講題，不再是「持續性成長」，而是「包容性發展」，反映了政策的重大轉變。今天擋住台灣進步的，就是那些曾經發揮過功能的舊政策及那些舊思維。其中包括了有過貢獻的國營事業、高消耗能源的傳統產業，以及在低估台幣與獎勵措施及保護政策下成長的高科技產業及出口產業。

哈佛大學波特教授曾經提出過競爭發展的四個階段：(1)生產導向，(2)投資導向，(3)創新導向，(4)富裕導向。台灣正走向創新階段。這一階段的政策是要：企業必須面對全球化競爭，推動高級服務業的蓬勃發展，培養各類高級人才，強化研發及基礎建設，擁有進步的金融、專利、開放、公平交易等法規。我們已有的政策遠遠還不夠。

三十年前提倡不要「白吃午餐」的心態，至今尤烈。除了最近通過的奢侈稅之外，不論國民黨或民進黨執政，都不敢正正當當地加稅，任由財政赤字來彌補各種減稅及補貼。台灣貧富懸殊擴大的一個主因：仍然是無法能對高所得者課徵到較高的稅。

擺脫套牢，不當舊思維的囚徒

經國先生執政的年代令人民懷念，但是他的經濟政策中充滿了政府扮演聖誕老人的角色：他最歡喜的方式就是壓低價格不反映成本的種種措施；以溫暖的心，得到大多數人支持，可惜他忽視了很多尊重價格機能的政策，可以更有效率地達到同樣的目的。三十年前我倡導公立大學應調升學費，他就反對：「政府不可以讓優秀的清寒子弟進不了大學。」（我自己就是清寒子弟，但幫助的方法是給清寒獎勵金，因此所得較高的家庭就要付較高的合理學費。）直至今天，學費仍然無法由大學自己決定，仍被這種舊思維套牢。立法院對於陸生來台讀書的各種限制（如不准給獎學金，畢業後不准工作），所反映的是一種保護式的偏見，不是開放式的競爭。

改變政策是痛苦的，調整思維是費時的，但我們不能再做舊思維下的新囚徒。

二〇一一年五月號《遠見》雜誌

24 人人肯爭氣，政府才會有生氣

半世紀前一個二十三歲的青年剛到美國，每次參加聚會，特別是熱鬧的派對後，終有一種曲終人散後在異鄉的落寞感。一九五九年九月初抵南達科他州立大學的校園（Brookings），宛如置身在一座大公園中，分布在四周的教學大樓，教授研究室、圖書館、足球場、室內游泳池，多功能的學生活動中心，學生餐廳中不限量的牛奶、咖啡，熱狗、麵包；大學生都開了自己的車上學，真是難以想像在一個州立大學的校園中，就看到了美國開放、多元、富裕的縮影。

初到美國，發現自己的不足

剛來自「落後地區」的台灣，這種美式生活，除了羨慕，無從嫉妒起；但是內心深處終不斷出現一種聲音，什麼時候我們的國家可以趕上？

我清楚地記得九月下旬歡迎外國學生的茶會。近百位外國學生，大多來自開發中國家，有些穿著本國服裝，像個小型的聯合國。個別介紹時，印度同學說：「我要回去協助解決教育的落後。」新加坡同學說：「我們地方小，但人民志向不小，我們出來學習美國的圖書館制度。」埃及同學說：「我們農業落後，要學習新的農業技術。」我們三位來自台灣，結結巴巴的英語，辭不達意。當茶會化整為零，分成小組聊天時，看到其他外國學生彼此親切交談時，才知道自己的拘謹、不善表達，以及一般智識的不足。

回到宿舍的途中，剛才的場景一再出現，那就是，與其他外籍學生比，我的起步就已經落後了。因此下定決心，一定要先把英語學好，也要趕快增加對美國社會的瞭解。

日夜的努力，專心的學習，與老師、系中研究所同學、室友不斷交談，像海綿似的吸收新知，第一學期結束後，選讀的三門課全得A，這奠定了我的信心。此後讀書、寫論文、任教都很順利。在威斯康辛大學經濟學系任教（一九六四～一九九八）三十四年後退休。回到台北，參與了出版，居然發現了一個更寬廣的領域，可以傳播新知識與新觀念。

事在人為，一切靠自己

在資本主義社會裡修習經濟，它使我逐漸感覺：個人與國家的關係與我在反共抗俄的台灣所學到的剛好相反。在美國是個人在先，國家在後。因此，個人進步，國家才會進步；個人富裕，國家才會富裕。

因此年輕的甘迺迪總統在一九六一年總統就職的講詞中，那廣被引述的兩句話是有道理的：「不要問國家為你做什麼，要問你能為國家做什麼。」國家不能決定你的前途，是你自己決定你的前途。

我現在對台灣的擔心是：社會上瀰漫太多社會主義思想——政府要負所有的責任，來解決社會上出現的所有問題，而人民自己又不肯多付稅。沒有一個人不批評政府，沒有一個人會要求自己多負起責任。對我這個相信市場機制的人，覺得太不可思議。一九五〇年代在眷村長大，我們那時只學會一件事：「事在人為，一切靠自己。」

在美國多年的生活中，學生找不到工作，學生的薪水低，很少會直接指責政府。我兩個孩子在那邊長大，經過讀大學、找工作的過程，他們當然就是靠自己。更值得指出的是，即使美國每人所得比台灣高出一倍，他們對「自己買房子」及「孩子念大學」看成二件「大工程」，都是需要經過精打細算、長期規劃及全家一起節省。在台灣全變成了政府的責任。民主政治變成了民粹式的討好政治。

人人靠政府，政府的財政一定被拖垮；人人肯爭氣，政府才會有生氣。

二〇一四年四月二十九日發表於《人間福報》

25 從生活改善到民主衝擊

半世紀以來，台灣走過的路：有經濟的成長、有教育的進步、有開放的起伏、有民主的艱辛、有族群的對立、有戰爭的威脅，正可以給尋求進步的開發中國家參考。

用坊間的譬喻來說，台灣先求人民有更多饅頭（生活改善），安定社會；一旦有了饅頭，就會出現拳頭（群眾力量），爭取更多權益；最後各方認清只有靠人頭（投票選舉）來決定民主進程。這也是二十世紀中葉亞洲四小龍（台灣、南韓、新加坡、香港）的經濟成長與民主發展的縮影。

所得中等的如台灣，每人所得接近兩萬美元，其關鍵性的挑戰已不全在經濟成長而更在政治運作。西方國家經過一、二百年後出現的政治運作與社會成熟的弊端，已完全併發在一個年輕的、正在學習民主的台灣，這使得台灣人民的負擔何其沉重與辛苦！

民主化，衝擊台灣社會

對台灣社會的發展，在蔣經國執政時代（一九六九～一九八八），是用改善的經濟，來合理化他的威權統治；也就是以增加饅頭的誘因減少拳頭的提早出現，用以換取時間，安排民主勢力的出頭。

高所得國家（每人所得超越三萬美元）如美歐，今天面臨了多重挑戰：經濟老態擴散、政治僵持難解、道德危機不斷重現。以美國總統歐巴馬而言，他所面對國內錯綜複雜的大環境，居然和台灣的馬英九相似。二位哈佛大學法律系的校友，面對了相似的民主衝擊：

(1)金錢政治（Money Politics）：民主是比人頭，選舉就需要捐款。出錢的金主與大企業就要尋求「例外」、「特權」、「批准」，以及遊說國會通過對他們有利的法案或否決不利的法案。華府國會山莊與台北立法院何其相似！

(2)特殊利益團體（Special Interests）：這些利益團體，可以是大企業、軍火商、地方政客，也可以是單一議題（Single Issue）團體，如果防止不當，就會在壓力之下，通過扭曲的法案，偏袒一方。

(3)誇大與二極的媒體（A Sensationalist Media）：現代媒體，已不再是報章雜誌、電視，而更有網路時代的新工具。要贏得讀者的眼球，「語不驚人死不休」的誇大以及層出不窮的花樣與奇招，莫不使人焦慮與困惑。台灣電視上二極化的政論節目，除非把它看成「娛樂性」，否則觀點之極端，令人無法心安。

(4)強烈意識主張的堅持（Ideological Attack Groups）：布希八年執政，所領導的是一個二黨選票接近，但政治理念對立的美國。有些美國學者直言：民主政治本質就是僵持政治。這樣的僵持，迫使各方妥協與合作，才能避免獨裁；因此低效率的決策過程就是必要的代價。

饅頭、拳頭、人頭——從經濟到民主

美國當前著名的專欄作家札卡瑞亞（Fareed Zakaria）認為，十九世紀大帝英國的衰退是來自經濟上的力不從心，近年來美國國力的「相當減弱」則受害於一事無成（Do-Nothing Politics）的政治對立。他認為二十一世紀的全球權力結構已進入「群雄並起」（The Rise of the Rest）。除了傳統的歐盟，新興勢力中當然以中國為首，其他有印度、巴西、南韓等。

面對「群雄並起」，歐巴馬總統要改變美國對外的戰略與態度，少用硬實力，多用軟實力。哈佛大學奈伊教授即以美國仍擁有舉世無比的軟實力，深信美國不會像英國那樣地沒落。

在這全球經濟疲弱的關頭，施政的優先次序應當是：增加饅頭、疏導拳頭、尊重人頭。

二〇〇九年三月號《東方企業家》

26 向「平民英雄」學「核心價值」

在謊言與貪婪氾濫的年代，一位卸任的首長觀察：走出國會，才能找到做人的誠信；走出公家機構，才能找到做事的效率；走出企業總部，才能找到人性的美德。台灣前進的動力，看來只能「禮失求諸野」。一九八六年創刊以來的《遠見》雜誌，選擇的路是：傳播進步觀念，使它成為台灣社會前進的動力。

全民版，台灣之光普照

二〇一三年十二月號《遠見》推出〈看見台灣平民英雄〉封面專題，猶如一聲春雷，喚醒大家原來台灣這塊土地上，到處都有值得報導的英雄。這是一個

「台灣之光」普及版。這也是《遠見》出刊三三〇期的獻禮——以一個又一個的真實故事，推動台灣前進。

舉三個實例：

(1)八十歲的醫師陳雲址，仍然熱心地守護恆春人健康，凡事親力親為，十九年前剛來恆春時，是唯一的眼科醫生；捨棄了個人享福，各處義診；他賣掉房子，也要照顧病人。

(2)三十一歲的綠島熱血國中教師蔡章弘，堅持留在離島任教，免去學生頻換老師之苦；用心設計課程，擴大離島學生的視野。

(3)十六年前來自柬埔寨的林麗蟬，積極投入協助新移民融入社會，為外籍配偶發聲，促進新移民及新台灣之子權益，也婉拒柬埔寨政府挖角。目前還在攻讀暨南大學非營利組織研究所的她說：「台灣是我的家，要在這裡（彰化花壇鄉）落地生根。」

哈佛校友，同享台灣奉獻經驗

二〇一四年一月十三日馬總統在總統府中接見了十位「遠見平民英雄」。當這位《沉默的魄力》一書的作者，見到一群「沉默的奉獻者」，現場氣氛格外親切，一一握手，個別合照。這位在哈佛讀法律的政治領袖，是一位平民化的總統，他最痛恨特權與財勢。因此相互交談就如多年朋友的相聚。大家都感受到台灣社會本來就應當是全民參與，共同奉獻的。近年來的政黨惡鬥、國會亂象以及一些媒體的偏激言論，是對台灣善良人民的背叛。

當天下午他們參加了「遠見平民英雄分享座談會」，親身講述他們的故事。大家立刻發現這些平民英雄的DNA：正義感、壓不住的衝勁、採取行動、全心投入。另一位哈佛讀法律的陳長文律師，在開幕講話充滿了感性與理性，這正是他一生的寫照：理性處理法律上的專業，感性發揮他的大愛。外表上看來，似乎有貴族氣質，他卻一直熱心地為弱者仗義執言，他投入公益的時間不會少於他用在專業上的時間。

核心價值，守護台灣良心

這些平民英雄經年累月的無私投入，已使每一個人深切地感受到，人性善良既有自發性，也有擴散性。他們的行為已經減緩了社會資源的失衡，也填補了一些政策的盲點。

事實上，當一個社會愈來愈走向文明時，政府的力量（包括國營企業）就要持續地減少，這正是大陸領導人習近平要做的重大改革。台灣三十年來的民主浪潮帶來了政治上的各種解放，誘發了民間蓬勃的生命力；不幸的是，也併發出另一堆新問題，那就是貧富不均、政商貪腐、民代囂張、媒體偏執。

目擊這些現象，讓我們這個「平面」媒體，持續尋求「平民」英雄，鼓舞大家向他們學習：正直、善良、勤奮、誠信、進取與包容，這些正是馬總統告訴平民英雄們所擁有的台灣核心價值。

二〇一四年二月號《遠見》雜誌

27 「機會成本」就是「捨得」

機會成本（Opportunity Cost）是經濟領域中一個十分重要的基本觀念。任何一個「機會」及「作為」都有「成本」及「代價」；「機會」掌握得好，「成本」就少；「作為」對，「回饋」自然就多。從這裡演繹出人類需做的各種理性選擇：如效率的提升，決策錯誤的減少，白吃午餐的避免。

十八世紀下半葉經濟學鼻祖亞當．斯密的《國富論》，就是構建在機會成本、比較利益法則、一隻看不見的手等觀念上。自從認識星雲大師後，二十餘年來常從他的著作與佛理的解釋中，發現有很多中外相通的道理；很好的一個例證就是「捨得」。

捨得，機會成本的最佳詮釋

粗淺的解釋是：只要有欲望，就患得失之心。經濟學就是研究如何以有限的資源來滿足無盡的欲望，因此必須要依靠邊際效用遞減，外部經濟、交易成本、理性預期等原則來做決定。

東西方相通的一個理念就是「捨得」。「捨得」就是「機會成本」的一個很好的詮釋及實踐。

「捨得」是一種機會的選擇，有捨才有得。捨是一種「減」，得是一種「加」。「捨」不一定是為了要「得」，但只要捨，得就會自然而來。患得患失，人人有之，如果處理恰當，是一種理性的平衡，也是煩惱的解脫。

捨得與付出意義相近。五年前美國一位醫生也是科學家的波斯特（Stephen Post），任教於凱斯西儲大學，寫了一本受人推崇的書，直譯的書名是「為什麼美好的事發生在好人身上？」，稍加引伸，書名就是「好人有好報」「捨就是得」。在他主持及其他多所大學所做的類似研究中發現：「選擇『付出』，會使人終生身心健康，這是有科學支持的忠告。」楊定一博士在中文序言中指出：無私的愛有益人類健康，他自己一直在資助及推廣這種研究。

對我們這個歷史悠久的文化古國而言，先人早就訓示後代子孫「好人有好報」。這種提示不再是迷信、神話或者善意的鼓勵！對默默在做好事，從不企求回報的好人，這樣的科學發現，似乎是無關緊要的；正如有人捐款不是為了抵稅；對另外那些做了好事的人，果真科學也證明會有好報。

波斯特教授列舉十種表達「付出」與「愛心」的方法：讚頌、傳承、寬恕、勇氣、幽默、尊重、慈悲、忠誠、傾聽、創造。這些方法能將感激化為人性化的行動：幫助別人以及自己成長，樂觀積極，提升生命，找到價值，感同身受等。

西方學者提出的十個「付出」方法，與星雲大師提倡的「捨得」與「三好」——做好事、說好話、存好心，相互呼應。

我常說：自己讀的是經濟，關心的是教育，嚮往的是和平。只要懂得機會成本，「和平紅利」就是最好的教材。如果放棄戰爭，贏得和平，本來要花天文數字的軍費就可移作和平用途，產生西方人提倡的「和平紅利」。引證艾森豪將軍當總統時的一段話，來說明「捨」戰爭、「得」和平是多麼重要：

每一把造好的槍、每一艘下水的戰艦、每一枚發射的火箭，最後說來，都相當於對那些飢餓無糧者和寒冷無衣者的偷竊。窮兵黷武的世界，不僅只是消耗了錢財，也消耗了勞動者的汗水、科學家的才智，以及下一代的希望……這絕不是我們應有的生活方式。

「機會成本」與「捨得」提供世人二個珍貴的思路：理性決定與人性化選擇。

二〇一五年一月二十七日發表於《人間福報》

28 當經濟衰，道德水準也衰

近五年來，全球經歷了二次嚴重的經濟衰退；尤其是年輕人與中壯人口的失業人數最令人擔憂。我常常說：社會以及個人最大的悲劇就是：幼年沒有受到良好教育，中年沒有找到適合工作，晚年沒有足夠安養。在現代動盪社會，教育、工作、退休，三大人生目標並不容易達成。極端的社會主義者會說：這全是政府的責任；極端的資本主義者會說：這全是個人的責任。

責任，在政府與民間

在當前台灣的政治及經濟體制下，這是政府與民間共同的責任。要樹立一個可長可久的良好的教育體制、醫療體系、退休制度等等的前提是：全民要有二個基本共識：⑴所有的利益團體（從政黨到個人）要理性地、心平氣和地彼此傾聽，⑵當事人（受益者）要不自私地、合理地分擔成本。

最使人焦慮的是，這二個共識不僅在富裕的歐美社會無法建立，在我們自己的社會也找不到。

一個根本的原因，是在民主社會中有太多不同的聲音，來自不同的政黨、不同的利益團體、不同的所得階層、不同的職業差距、不同的地區，形成了（任何）公共政策的癱瘓。試看台灣的立法院、行政院所提的優先法案，常被無情地擱置，這雖是各方的責任，卻也令人感到遺憾。

因此我們不得不思考有沒有其他決定公共政策、處理公共事務的方式：也許不再把所有的雞蛋放在民主政治下的運作：國會辯論、輿論批判、名嘴論政、反對黨反對到底等的「民主常態」。讓我們天真地提出從人性化的思維出發：家和萬事興。強調「和諧」重於「鬥爭」、「合作」重於「責罵」。各方退一步、存好心、與人為善，凸顯社會和諧、團體和諧，設法謀求「和諧」中求「進步」，不是「鬥爭」中求「勝利」。

興經濟，傅利曼教授論點

在這裡我必須要引述九年前哈佛大學政治經濟學講座教授傅利曼出版的一本重要著作：《經濟成長的道德後果》。直覺的聯想是：這本書在警告讀者：經濟成長帶來了眾多不幸的「道德後果」，如價值觀墜落、治安衰退、離婚、自殺、吸毒增加、所得差距惡化、環境汙染等。讀者大概沒有想到這本書——至少贏得了三位諾貝爾經濟學獎得主的強烈稱讚——是以幾個世紀西方社會的經驗指出：當經濟成長發生時——大多數人民的生活水準提升——也同時產生了良性的「道德後果」：它增加了人民(1)各種的機會，(2)彼此的包容，(3)向上的移動，(4)社會的多元傾向、公平與法治，以及(5)強化了民主的追求。相反的，當經濟衰落時，使人民經歷到另一種不幸後果：法治、清廉，與民主退步，示威、抗爭、歧視、暴力則不斷增加。經濟衰敗帶來了道德的衰退。

台灣要在逆境中經濟再成長，一個新的體認，也許不全是經濟的（如靠政府政策或企業投資），而是人性的、理性的，也符合中華文化的，放棄彼此鬥爭，追求相互容忍。

牢牢記住：家不和，萬事不興；當經濟不興時，良性的「道德後果」也就無從發生。

二〇一三年二月七日發表於《人間福報》

29 為歷史真相留下一粒種子

尋真相，歷史的使命感

抗戰勝利時，郝柏村先生是少校軍官，親身經歷了抗戰及世界大戰的變化，刻骨銘心。「但所歷所知，僅是片段與局部，就是因為身歷其境，閱讀抗戰領導者的日記，能從片段進展全程，能從局部拼成全面，應是最真切的歷史真相……」但他又說明：自己的解讀遺漏難免，但願為歷史留下重要真相的一粒種子。

一位出生入死、在台灣既擔任過參謀總長與國防部長的最高武將，又擔任過行政院長的最高文官，在高齡九十五歲之時，他埋首案頭二年，每日親撰千字以上，以六十萬字完成《郝柏村解讀蔣公八年抗戰日記》一書，郝柏村不僅毅力驚人，更使讀者由衷地欽佩他追尋歷史真相的使命感。

以傳播進步觀念為己任的天下文化，自一九八二年以來，先後出版了實際參與改變中國命運與台灣發展重要人士的相關著作。就他們所撰述的，我們尊重，但不一定表示認同。我們的態度是：以專業水準出版他們的著述，不以自己的價值判斷來評論對錯。

思原鄉，中華情與中國夢

「中華情」為中華民族的世世代代所共同擁有，中華情或許可以歸納為：

- 對中國百年的屈辱有悲情
- 對中華歷史與文化有熱情
- 對中華傳統與倫理有真情
- 對中華錦繡河山有鄉情
- 對本土與原鄉有感情

因此，郝柏村先生根據蔣公日記對「中日抗戰」與「國共內戰」的解讀，就變成了二十一世紀海內外中國人，掌握百年中國國運起伏的重要讀物。

二〇一三年六月七日至八日習近平與歐巴馬在美國的高峰會，極可能是「改變世局的二天」。那就是和平崛起的「中國大陸」在全球媒體注視下，正式在加州陽光莊園加冕，變成「二國集團」「G2」之一，反映了「當中國經濟衰退時，全球就不會有快速成長」。那個美國元首贈給中國領導人的紅杉木長椅，可以寬敞地容納二個人並起並坐，這真是精心設計的禮物——既有美國民族性中的親切，又有東方人重視的平等。果真如此，百年中國終於走出了屈辱的夢魘與戰爭的桎梏；此刻可以在一個「兩強」相互追求安定的國際大局勢中，避免衝突與對抗，塑建「中國夢」。

「我的」「你的」「我們的」中國夢一定有所不同。屬於大多數人的「中國夢」，我提議是：中國曲直向前，成為「開放之國」。

二〇一三年七月號《遠見》雜誌

30 白吃午餐與福利排富
——從黃健庭縣長的「台東經驗」說起

台東經驗，反思社會正義

台東縣長黃健庭在推動台東「學童免費午餐排富」，說那是天人交戰的選擇。當時一有這個想法，立刻引起了家長們的強烈反彈。

「如果你一定要做，等到第二任。」一位好友向他說。但這位在美國念過MBA又擔任過財務管理的縣長，知道錢要用在刀口上。決定推動排富之後，從一年二點二億的支出降低到八千萬，每年省下的一億四千萬，就立刻可用來改善學校中急需改善的小工程（從廁所、教室，到操場跑道）。實施三年後的調查顯示，四分之三的家長支持當年的排富條款。另一個措施是將市區以前免費的停車位置，改成收費，當然也遭到反對；現在也是多數贊成。

不要小看這二個「台東經驗」——再自私的選民，如有一位有溝通能力的首長能夠講清楚、說明白，選民是聽得進去的。比之每人所得較低的台東，其他縣市的人民應當更有能力接受福利排富。

小確幸外，老人有他們的獨立和自尊

在台灣，常常經歷到政府對年長者的各種貼心照顧。郝市長又在中秋節前送一千五百元敬老金到老人家中。這即是為什麼年長者特別有小確幸的感覺。回來探訪的海外朋友都希望台灣可以變成一個「全球華人退休之島」。我贊成這個構想；但長者們必須真心地說：不要低估我們的自尊、獨立，以及分享的熱情；我們不是要回來接受各種優待、照顧，成為弱勢團體。

我曾在《遠見》二〇一四年八月號討論「養得起的未來」專題中，提出了

「新獨立宣言」。每個人從小就要養成：「自己的工作自己找，自己的晚年自己顧，自己的命運自己創。」像我們在戰亂中長大，能讀到一些書、找到安定的工作，對政府充滿感激；到了晚年我們已有獨立的能力——不應當再增加政府、子女、第三者的負擔；而且還應當把自己的一些積蓄除了給子女，還應當給母校、社區及公益機構分享。

推動排富，減少白吃午餐

「白吃午餐」一詞是二十世紀大學者傅利曼教授在一九七〇年代提出推廣。他曾經說：「我的經濟理念可以一句話概括：'There is no such thing as a free lunch.'」一九七七年我利用休假回來，在台大商學研究所授課，在那段時間寫了一些傳播進步觀念的文章。其中二篇是：〈天下沒有白吃的午餐〉、〈論公立大學學費提高〉。前者引起了熱烈的反應，後者引起了強烈的反對。

在南港眷村長大的青少年（十三歲到二十三歲），自己一再經歷過政府的各種津貼、補給、照顧，使我讀完大學；另一方面也開始感受到政府應當要有更有效率的方法來照顧低所得者。自己看到當電費、油價受到補貼時，就產生使用的浪費；當學費、公車票價、故宮門票等壓得太低時，反而犧牲了服務的品質。

自己就反覆思考：為什麼不只照顧真正需要的低所得者；其他的人當然要付合理的價格，「排富條款」是合理的「使用者付費」。看一場球賽、歌劇、馬戲團演出，價格常在數百元和數千元之間；只要是與「公家」相關的，一切價格、費率，就要百般便宜；如果像北歐人民負擔的平均稅率超過三〇%，可以有這樣的期待，而台灣的平均稅率不到一三%，還要這樣白吃。

台灣小確幸的存在，或許正因為政府提供的「白吃午餐」無所不在。如果真是這樣，那是不可能持久的小悲劇。

二〇一四年九月二十三日發表於《人間福報》

31 「藍海策略」的時代來臨

《藍海策略》書名中的「藍海」不是政治符號，而是一種商機無限的隱喻。

本書的兩位作者金偉燦博士（W. Chan Kim）與莫伯尼博士（Renée Mauborgne），任教於歐洲商業管理學院（INSEAD），為極負盛名的策略與管理教授。兩位應《遠見》雜誌與天下文化之邀，來台訪問，並拜會了行政院謝長廷院長及經建會胡勝正主委。他們生動的演說與精采的問答，引起了熱烈的回響。

從紅海競爭到藍海策略

「一九九○」年前後是二十世紀人類歷史上一個重要的分水嶺。

一九八九年柏林圍牆倒塌，解放了東歐人民的生活方式；一九九一年的蘇聯解體，證明了以市場經濟為核心的資本主義，終於獲得了全世界的肯定。順著這條道路前進，從今以後，人類的命運就能擺脫貧窮，走向小康。經濟起飛中的中國大陸，就是一個例證。

當市場經濟的運作席捲歐亞大陸時，「競爭」就變成了天經地義的遊戲規則，也變成了企業優勝劣敗的最終裁判。這就是為什麼一九八二年《追求卓越》一書在美國出版後，立刻引起轟動；因為每一個企業都想變成「卓越」，變成另一個ＩＢＭ、３Ｍ、惠普。在二○○四年的新版中，兩位作者又重複指出了卓越企業的八大特質：採取行動、接近顧客、自主和企業精神、靠人提高生產力、親身實踐、堅守本業、組織單純、寬嚴並濟。

對有些企業，比「追求卓越」更現實的是「打敗對手」。這也就是為什麼在一九八〇年代中，出現了哈佛大學教授麥可・波特的「競爭論」與「競爭策略」等相關學說。被譽為「世紀CEO」的傑克・威爾許（Jack Welch）於二〇〇五年初出版了《致勝》一書，也立刻洛陽紙貴。他反覆提出：「贏」才是真正的「偉大」。

就在此一時刻，一個新的學說——「藍海策略」——出現在西方世界。那就是「脫離血腥競爭的紅色海洋，開創藍海商機」。

「價值創新」的提出

每隔一段時間，總會有一些突破性的觀念與做法，出現在學術界與企業界。社會的進步就是靠這些突破性的觀念出現。天下文化近三年來出版的《執行力》《應變》《重新想像》《致勝》等書，就是在介紹這些重要的新觀念。

此刻我推薦《藍海策略》原因有三：

(1)這本書的立論是根據百年以來三十多種重要產業、百多件策略個案研究分析所獲得的結論。它是一本理論與實證相互融合的著作。

(2)他們的研究指出：企業不可能永遠保持卓越，打破這個宿命的策略，就是要創造無人競爭的市場空間。它刺激企業去追求一個完全嶄新的想像空間與發展方向。

(3)面對市場競爭時，藍海策略是要打破傳統思維，追求「價值創新」，不僅拋棄對手產生「替代」效應，更能對消費者產生「另類選擇」。它鼓舞企業要攀登新的高峰。

「藍海策略」就是要做「價值創新」（value innovation）。「價值」和「創新」同樣重要；創建藍海成敗關鍵並非尖端科技的創新，也不是「進入市場的時機」，而是「創新」和「實用」、「售價」和「成本」兩組的密切配合。

在訂定藍海策略，兩位作者提出了「四項行動架構」（four actions framework）：(1)「消除」哪些產業內習以為常的因素？(2)「降低」哪些應低於產業標準的因素？(3)「提升」哪些應高於產業標準的因素？(4)「創造」哪些產業尚未提供的因素？(1)與(2)在節省成本，擴大需要；(3)與(4)在強調「差異化」與

「新價值」，提升產品價值。

與血流成河的紅海策略相比，藍海策略的特色有五：

- 開創沒有競爭的「新市場」；
- 不與對手競爭，使「競爭」變得不相干；
- 創造出新的需求，並透過成本控制，追求持續領先；
- 同時追求顧客所能獲得的高價值與產品的低成本；
- 調整整個公司的作業系統，給新策略完全的配合。

「藍海策略」的實例值得學習

本書的實用價值應當廣泛地推動到各個領域，以及各種不同的生活層面。因此，凡是與眾不同的、前所少見的、貼近顧客的、足以誘發欲望的，甚至違反「常理」的「行動」、「過程」，都可以泛稱在運用「藍海策略」。

讓我們列舉一些身邊的例子：

(1)《新新聞》分析馬市長，是以藍海策略而非傳統方式，贏得了國民黨主席的選舉。

(2)新竹交大以提供赴國外名校進修的機會，爭取優秀新生。

(3)統一的7-ELEVEN，提供二十四小時及全年無休的服務；誠品的不打烊書店、博客來的網路書店、「康熙來了」的節目、《空中英語教室》的內容……，都呈現了「價值創新」。

(4)《遠見》九月號報導的宏達電（目前的上市股王）、三星科技（世界第一大螺帽工廠）、神達電腦、歌仔戲團明華園、福特集團的馬自達、壹咖啡，這些受到顧客喜愛的產品，正是「藍海策略」的台灣見證。

讀完《藍海策略》一書的真正考驗，在於能否在企業或組織內，產生一股新力量，變成「價值創新」的具體行動，駛向藍海。這會是一個充滿冒險、挑戰以及豐收的航程；因為千山獨行、商機獨創，但結果則是利益共享。

二〇〇五年十月號《遠見》雜誌

32 「創意」創造財富與幸福

有人羨慕明星的風采，但掌聲後面有多少辛酸？有人羨慕首長的地位，但權位後面有多少犧牲？有人羨慕文學家的才華，但傳世之作後面又有多少掙扎？有人羨慕企業家的財富，但投資後面又有多少風險？

一個圓滿的人生，是要同時擁有：名望、財富、健康、家庭、以及工作的樂趣。可惜這種境界幾乎是可望而不可即。我們看到太多現實的例子：有財富的，常只有破碎的家庭；有清譽的，常是兩袖清風；而大多數所謂成功的人物，既少工作的樂趣，更少生活的品質。

在謀求改善生活的過程中，每個人常常付出了可貴的代價：工作的過勞、生涯規劃的扭曲、健康的耗損，及家庭團聚的犧牲。因此，當「小康」已經普遍出現時，人民應當要真正追求的是樂在工作與優質生活。

我所認識的張明正夫婦正做了這樣的示範。他們同時擁有了名望、財富、健康、家庭，以及工作的樂趣。在今天的華人世界，以及全球高科技行業中，很少人不知道這對「趨勢科技」（Trend Micro）的董事長夫婦。

他們有傳奇性的成功故事。他們公司的股票分別在東京與美國那斯達克上市。目前的股票市值近新台幣二千億。

我觀察明正夫婦的成功，可以歸納為：

(1)不斷顛覆自己的成功商業模式。
(2)大膽嘗試，想做就做。
(3)帶人就是公平對待、透明化，把最好的頭腦找進來。
(4)拉大與對手間的距離。
(5)不斷思索、不斷學習，因此想法上總能領先同事。
(6)具有說服力及令人信賴的個性。
(7)與員工打成一片，從不盛氣凌人。

⑻具有畫出願景的魅力。

事實上，明正事業成功的幕後英雄，正就是充滿才情與創意的妻子陳怡蓁。在她所主筆的二本書中（《@趨勢》與《擋不住的趨勢》，均由天下文化出版），讀者可以看到她出色的文筆、思路、組織及分析的能力。他們兩位如車之二輪，缺一不可。

令我感動的仍是明正夫婦那種對工作的熱情、對工作的執著，以及從工作中所得到的快樂！我有機會在台北、東京，以及其他國際場合觀察到他在談論高科技時的神采飛揚，以及散發出來的創意與魅力。我想他這種立刻能感染別人的根源來自「樂在工作」。

他們自己在書中也寫過：「我們平實、快樂的工作，真真實實地創造財富。」

在世界各地的高科技棋盤上，布滿了他們的棋子。

明正夫婦的創業經歷已經光芒四射，但是更好的演出還正在蓄勢引爆，讓我們熱切地等待。

二〇〇五年五月號《30》雜誌

33 「大」企業家與「偉大」企業家

——上海峰會中播下了種子

賺大錢的是「大」企業家，捐大錢的是「偉大」企業家。做大官的「稱做」大人物，做大事的才是「真正」的大人物。

向韓第教授繳白卷

十一月上旬在上海浦東舉辦的第三屆全球華人企業領袖高峰會論壇，出現了一個意外的驚喜與收穫：幾乎一半以上與會的主講貴賓（從台達電董事長鄭崇華、寶來集團總裁白文正、理律法律事務所的陳長文律師，到人文學者余秋雨）

都指出企業社會責任的迫切性。

去年秋天我赴英國拜訪英國管理大師韓第（Charles Handy）教授。他說他正在挑選十位慈善家投身公益的故事。他說入選的人要有二個條件：(1)靠自己的本領創造了大量財富；(2)然後放棄本業，投入公益，自己主持，來用掉自己的財富。他問我能否推薦合適的台灣企業家？台灣有不少符合第一個條件的，但我想不出符合第二個條件的人。我只能向韓第教授繳白卷。趨勢科技創辦人張明正、陳怡蓁夫婦近來花很多的時間投入公益，逐漸接近。

這就誘發了我決定邀請王建煊先生擔任會中第一位主題演講貴賓。他講述在內湖社區大學、高雄、花蓮等地所做的愛心工作；然後話鋒一轉，談到三年來在浙江平湖創辦新華愛心高中的理念與已經出現的成績。他告訴三百多位與會人士，這個高中辦完二十年，就捐贈給當地政府。他高亢地說出：「帶著愛心（從台灣）來，不帶半根稻草走。」全場激起了熱烈的掌聲，還有人悄悄地取出手帕。那真是一場感人的二十分鐘演說。

CSR是什麼？

十月底在北京的《中外管理》雜誌主辦的論壇上，我應邀就「二十一世紀的企業社會責任」做專題演講。

首先我指出當前中國企業發展的現象是：

- 民營企業在全國經濟活動中的比重愈來愈增加。
- 國內外市場的競爭愈來愈劇烈。
- 企業的利潤愈來愈微薄。
- 正派經營愈來愈必要。
- 社會責任愈來愈無法逃避。

企業社會責任（Corporate Social Responsibility）是指企業在遵守倫理與品德原則下，重視股東權益、勞動者人權、消費者權益、環保影響、社區參與、財務資訊披露，以及對利害相關人的責任。諾貝爾經濟學獎得主傅利曼有句名言：「企業的社會責任是幫股東賺錢。」儘管我一直是這位大師的仰慕者，但是他這樣的說法過於狹窄。

事實上，企業善盡責任（從捐款到注重環保）有眾多明顯與及時出現的好處。因此，它實在是一項投資，而非支出，更非負擔。我們至少可以列舉出六個好處：

⑴增加消費者對企業的信任。
⑵改善企業形象。
⑶有利於吸收投資。
⑷增加員工向心力。
⑸提升公司競爭力。
⑹容易招募優秀人才。

面對全球化趨勢，《遠見》雜誌於今年六月頒發企業社會責任獎，就是在鼓吹它的迫切性；就是希望力爭上游的企業

——能與世界標準接軌；

——能與楷模經營接軌；

──能與永續發展接軌。

孫震教授說得好：「企業倫理是一種絕對價值；唯有如此，企業才能永續經營。」我也坦率地指出：「東方社會最缺的不是人才，是人品。」

三個「二」

當我看到台灣三十餘位企業領袖與大陸的企業領袖一起在上海峰會中面對面討論時，大家都驚喜地發現：不像在政治領域，他們的看法是多麼的相似！從自創品牌、企業購併、民營化，到藍海策略，彼此分享經驗，開誠交談，使我對CHATs（中國、香港、澳門、台灣所組成的「大中華經濟圈」）的發展更具信心。

讓我呼籲兩岸的企業家，要攀登二座山：前山是「企業利潤」，後山是「社會責任」；有選擇上的優先次序，但放棄後山不是一個選項。

企業家要有二顆心：一顆心是「事業雄心」；一顆心是「公民良心」。最佳的組合不是選其中一顆心，而是二顆心要同時結合。

企業家要有二股氣：豪氣是企業利潤領先群雄；志氣是社會責任一馬當先。受人責難的企業，就是只有豪氣，缺少志氣。

跨世紀最偉大的管理學者杜拉克剛剛去世；不要忘記他生前的這句話：「我不知道成為最有錢的死人有什麼意義？」

賺大錢的是「大」企業家，得到重視；捐大錢的才是「偉大」企業家，得到尊敬。在第三屆的上海峰會中，企業家之間的共鳴，已經播下了「奉獻」這顆種子。

二〇〇五年十二月號《遠見》雜誌

34 余秋雨誘發了台灣的人文省思！

十一月上旬在上海舉辦的第三屆全球華人企業領袖高峰會中，余秋雨先生應邀演講。他指出企業家應當要追求「德行、識見、情趣」，這一番話立刻引起與會人士的共鳴。

台北的讀者即將有機會讀到他的新著：《傾聽秋雨》，這本書由天下文化策畫與出版。我是催生者，樂意記述這段過程。

近十年來，台灣人民對選舉時刻的那種造勢，那種被鼓動的情緒，那種激烈的言詞，那種愈來愈嚴重的分裂，使每一個人憂心，何時才會出現冷靜、理性，而又深情的聲音？

我想到了文史學者、思想家、大散文家余秋雨。余先生今年二月的來訪，激發了台灣社會新一波的閱讀熱情、人文省思與文學探索。我想不出有誰比他更能點燃那埋藏在大家心底已久的文化火種與善良本性。

余秋雨的「人文堅持」

二月的台灣，綿綿陰雨，秋雨卻帶來了人文豔陽天。

余先生的所有演講，中心主題是「人文堅持」，其中涉及對當代中華文化的深重擔憂，對人格轉型和人生選擇的深入論述，對宗教文化的體驗，對城市魅力的感言，以及對文學藝術的期許。他從台北、新竹開始，一直講到台中、台南，場場轟動，竟然出現了一場擠滿三、四千人的奇蹟，而且一場比一場更熱烈。

所有這些題目，都是天下文化的年輕同仁腦力激盪出來的。這位優雅而博學的客人，照單全收。走上每一個講壇，不帶一頁講稿，就啟動了那迷人的演講。當聽眾仍沉醉於人文境界與邏輯思維時，時間已到，不得不戛然而止，接著是現場的生動對話。

闊別五年，余先生的文字魅力、演講風采、深刻內涵，再度在台灣捲起了千層浪花：台灣讀者對這位演講者所表達的真誠與熱情，也是我前所未見。

我自己最大的收穫，除了從演講本身獲得啟示，還有從不同年齡、不同職業、不同城市的人潮中，看到了人性中所蘊藏的那股追求善良、理性、人文的力量！這股力量就是台灣的希望。也正是這股力量，使秋雨夫婦喜愛台灣。

自己近年來參照西方的管理學說，我也闡述過一個社會如何在世界舞台上發揮生命力、競爭力、執行力等等觀念。

我們需要不斷地進入人文的省思

事實上，早在一九九六年五月李登輝主政時代，我就當時的台灣現狀寫過這樣的話：「台灣競爭力的下降，正反映出社會的『惡勢力』已經腐蝕並且超越了『生命力』。『惡勢力』就是那股破壞社會正義、公平的作為；那股依恃上層關係、政商勾結獲得特權的氣燄；那股馬虎、敷衍、不肯負責的行政惰性。這股有形與無形的勢力，使投資者卻步，使旁觀者感嘆，使充滿生命力者氣餒。」

從柔性的人文省思到硬體的經濟發展，我們都無法擺脫無所不在的文化與制度的力量；我們更無法避免千年以來文明興衰的衝擊。因此，我們需要不斷地進入人文的省思，經常聽聽智者的聲音。余先生做到了他自己所說的話：「在人文精神失落的時代，文化人不能故作清高躲在一邊。應該讓更多的民眾聽到他們聽得下去的人文的聲音。」

從《文化苦旅》到《借我一生》，從二月間的巡迴演講到這本書的出版，我們都變成了余先生詮釋的大空間、大時間、大文明下的忠實讀者與聽眾。

二〇一五年十二月十二日發表於《傾聽秋雨》

第六章　追求文明社會要付代價

當前流行的民粹及短視的看法是：

只要台灣一開放，外國人進來，就搶走了台灣人的飯碗；殊不知，引進的人才，透過他們的貢獻，可以創造出連鎖的、相乘的商機與投資，以及台灣的聲譽。

美國歷史顯示：如果近百年來沒有吸取到世界各國人才的貢獻，哪會有富強的新大陸？

賈伯斯的生父，就是一名從敘利亞來到美國念書的研究生。

35

全球化與開放社會在台灣

開放社會，首見海耶克的台中演講

二十世紀下半葉改變世界政經版圖的二個觀念就是「全球化」與「開放社會」。剛出版第二本著作《洄瀾》的齊邦媛教授，大概沒想到多年前，她就在台中口譯出「Open Society」這個名詞（詳見本書第二三頁）。這是經濟學大師海耶克教授在演講中送給台灣聽眾一個石破天驚的新思路，其影響歷久彌新。

指標化「開放社會」一詞出現

在以後的半世紀，「開放」（openness）及「開放社會」變成了「落後地區」

要變成「開發國家」最重要的一個啟蒙觀念，也是一個最有效的發展策略。美國因為擁有全球最「開放社會」，它變成了最有競爭力的社會；中國大陸因為推動「開放」，才有可能在三十年間「和平崛起」，把一個貧窮落後的國家，變成了世界第二大經濟體。

當美國社會開放時（現在非洲後裔的歐巴馬都當選了美國總統），全球的優秀人才、最新科技、巨額資金、多元資訊、新穎產品全都爭先恐後湧入。（看看大陸富豪想盡辦法留居美國。）社會愈開放，競爭愈激烈，產品品質就會愈好，價格就愈低，消費者就愈受利，整體競爭力就會愈高。

台灣經過了經濟起飛與民主化的寧靜革命，有相當程度的開放，但還是猶抱琵琶半遮面，對大陸的開放，尤其步步為營。每年美商及歐商的年終報告，總是要求政府加快鬆綁！也因為日本一直是一個相當程度不開放的社會，因此一九八○年代「日本第一」的稱讚，只是曇花一現，一九九○年代後「日本失落」卻是常態。

安倍的三枝箭是否奏效，尚在未定之天。中國大陸的開放更是局部的、小規模的、有限制性的，因此新領導人習近平也在強調中央政府要大力朝市場機制及鬆綁的方向改革。

開放，是不容易走的路

「開放」不是一個空洞的政策宣示，當前台灣幾乎已被利益團體、保護主義、政治算計綁架。兩岸服貿在立法院的一再拖延就是一例。「開放」即使在其他先進國家，仍有各種程度上的不開放，如對移民、科技等限制。「開放」實在是一個民主體制、法治社會及心態公平、全球化合作下的折衷。當台灣不肯、不敢、不夠開放時，也就會理所當然地變成各種國際經濟貿易協定的局外人。台灣的命運掌握在人民的開放心態之中。

二〇一四年三月號《遠見》雜誌

36 讓世界親近台灣

走向世界，一場秋天的盛會

在經濟情勢混沌、兩岸關係緊張的二〇〇三年，《遠見》雜誌選定在上海與《東方企業家》雜誌舉辦第一屆華人企業領袖高峰會。我們提出的願景是：「面對全球化衝擊與區域經濟的興起，全球華人領袖必須每年聚一堂，共商願景，共創機會，共擔責任，共求合作。」

就這個峰會的影響力而論，可說是十年有成。尤其是自二〇〇八年（第六屆）以來，因馬總統就任後推動了三通，高峰會已經移師在台北舉辦了五屆。高峰會提供了一個開放的平台，每年四百位散布在美國、大陸、香港、台灣等地的企業領袖與政壇人士，各抒高見，坦率交談，商訂策略，持續發展。

幸福地，鬧中有趣的地方

當前已有一百三十個國家給予台灣免簽證的方便，大陸的自由行也熱烈展開，半世紀以來台灣從來沒有如此接近過世界。

台灣是當前華人世界中最開放及最有活力的社會：人民進出國境自由（通常十秒鐘就過關，不需填任何表格），人民可以隨心所欲經營各種事業：出版、書店、民宿、時裝、旅行社……。遍布於大街小巷的台灣小吃及二十四小時的便利商店，使遊客樂而忘返。良好的治安、醫療系統、乾淨方便的捷運、友善的民眾，台灣真是一個小幸福的社會。

台灣媒體上常出現「產官學」的名詞，我想到可以廠房（企業家）、廚房（政府官員）、書房（大學教授）來形容這三種關係的相互消長。

台灣的言論自由是珍貴的資產，可惜當前已經氾濫成災。台灣最吃力不討好的職業就是廚房裡的官員。罵總統，當然不需要勇氣，只要有脾氣。官員已從「官不聊生」，到官員「斷層」——有才華、志氣、個性的人，不肯「跳火坑」。台灣社會中令人嚮往的兩個職業，就是廠房裡企業家的活力，及書房裡學者們的自在。大陸來訪的朋友，戲謔地形容：台灣真是一個「亂」中有「序」的社會，「鬧」中有「趣」的地方。台灣既有現代，又有傳統與本土；既有山又有海；既有科技的實力，又有文化的底蘊；人民的熱情與友善既出現在鄉間，也出現在都市。台灣少巨富，也少赤貧。

台灣要利用每一個機會敞開大門，更開放，更鬆綁，讓世界親近台灣的開放、友善和小幸福的生活。台灣因為擁有半世紀以來經濟發展的基礎，當然更是一個適合投資、讀書、觀光、旅遊、退休及短期居留的好地方！

讓世界走入台灣，親近這塊可愛的土地。像我的一些朋友一樣，在大陸、美國與台灣之間，最後還是選定台灣落葉歸根。

二〇一二年十一月號《遠見》雜誌

37 走向文明社會的典範

貧窮磨練，成就人生

二〇一三年九月十五日「第二屆星雲人文世界論壇」在佛陀紀念館舉辦。主題是「看見夢想的力量」。分別由星雲大師、莫言先生與我從宗教、文學、經濟教育三個領域主講，現場有近二千位嘉賓與聽眾，盛況空前。

大師生於揚州；莫言生於山東高密。在那個動亂的年代，年齡相差二十八歲，地理相距八百公里，生活則是一樣艱困。莫言先生在美國史丹佛大學演講時，形容六〇年代初期的中國大陸：「人民吃不飽穿不暖，幾乎可以說是在死亡線上掙扎……長期的飢餓使我知道，食物對於人是多麼重要。因為吃，我曾經喪失過自尊；因為吃，我曾經被別人像狗一樣地凌辱；因為吃，我才發憤走上了創作之路。」

莫言先生是完全靠家鄉土地的養分，靠農村貧窮的磨練，靠自己發憤地寫作，攀登了世界文學的巔峰；他是唯一「土生土長」的諾貝爾獎得主。

在天下文化出版《盛典》的書中，記述二〇一三春在北京第一次與大師相會，「感受到大師的護持與提拔」，「此生雖不能落髮為僧，但多讀佛典、多結佛緣，應是今後身體力行的功課。」

素描莫言，文學家的佛緣

在論壇開幕式中，我請莫言先生「把台灣看成另一個家，把佛光山當成另一個書房，把社會大眾當你的新讀者；你的身影、故事、作品要常常出現在這裡。」稍後他在演講中指出：「安放身體的住處容易找，安放精神的家不容易有，佛光山是我第一個家。」現場響起了熱烈掌聲。

我以八句短語來素描莫言先生一生的經歷：

(1)一個在山東高密五十八年前出生的農民兒子。

(2)一個小學五年級就失學的幼童。

(3)一個在飢餓中掙扎的童年。

(4)一個受「每天能吃餃子」的誘惑想當作家。

(5)一個很會寫故事的作家在一九八五年後（三十歲）冒出。

(6)一本本以傳說、寓言、歷史、當代、幻覺、現實的小說，逐漸震驚中外文壇。

(7)一項項中外得獎紀錄快速累積，著作譯成多國語言（英、法、德、瑞典、日文等）。

(8)一位偉大作家背後有一位默默支撐的妻子——農村長大的杜芹蘭。

二○一二年十月瑞典諾貝爾委員會宣布：中國的莫言是二○一二諾貝爾文學獎得主。《盛典》一書記載了他與家人去斯德歌爾摩現場的全紀錄：親切、生動、輝煌、感人。

既偉大又平凡，文明社會的典範

莫言先生最近寫著：「一方水土養一方人」，最令他感念的仍是高密的父老鄉親。「盛宴已散，我心已歸。」這位作家仍然要拿起一枝筆，「努力忘掉那個諾貝爾獎，做一個回到人群中的普通人。」

星雲大師一直謙稱：「我是一個和尚，我做得不好，我來世還要做和尚。」又說：「所有這些都不是我的，我一張書桌都沒有。」大師「以無為有」、「以空為樂」。

幾世紀以前，西方學者就指出：「一旦人類開始嚮往文明社會，就無法拒絕它的誘惑。」歐洲文明自中世紀以來，宗教家與文學家都受到極大的尊敬。我們何其幸運，台灣有一位偉大的人間佛教的實踐家，大陸有一位偉大的文學家；而他們又是如此地謙卑，真是我們走向文明社會中大家應當學習的典範。

二〇一三年十月八日發表於《人間福報》

38

要賺「世界的錢」，先要有「世界級的人才」

世界百位CEO排名，台灣僅蔡明介入列，這是頂尖人才短缺警訊。

二〇〇五年四月國民黨主席連戰訪問大陸，在那次「和平之旅」之中，他提出的兩岸「共賺世界的錢」，獲得了熱烈的回響。

創造價值，向外擁抱世界

要賺世界的錢談何容易；在過去七年中，全球經歷了二次經濟大衰退。台灣受到極大衝擊，二〇一二年經濟成長率就在「保一」邊緣。一個重要教訓就是，台灣以「加工輸出導向」的產業結構，所產生的附加值太低，競爭力太弱，容易被取代及淘汰。這就是為什麼科技產業自身最清楚：必須調升技術水準，必須加強研發，必須吸引人才，才能增加產品附加值，立於不敗之地。施振榮先生在《微笑走出自己的路》中，一再指出：「在新失落時代，一起創造新價值。」

創造新價值的根本源頭，是要擁有世界一流的人才，他們擁有想像力、創新力及執行力。台灣今天的政治氣氛充滿了保護、限制、恐懼的心態，是最不利於訂定開放的、包容的、彈性的、吸引世界人才的政策。「齊頭式的平等」產生的是「平庸」。

當前流行的民粹及短視的看法是：只要台灣一開放，外國人進來，就搶走了台灣人的飯碗；殊不知，引進的人才，透過他們的貢獻，可以創造出連鎖的、相乘的商機與投資，以及台灣的聲譽。美國歷史顯示：如果近百年來沒有吸取到世界各國人才的貢獻，哪會有富強的新大陸？賈伯斯的生父是一個敘利亞到美國威斯康辛大學的研究生。

有一流人才，台灣才有美好未來

回想一九八〇年代政府邀請了張忠謀回台發展半導體，創造了台積電的輝煌成長；再看看李安拍攝《少年Pi的奇幻漂流》，經過台中市長胡志強的努力與勸說，終於落腳在台中拍攝，對台灣產生了國際上難以估計的無形價值。我們終於要承認：擁有開大門的吸引人才政策，讓世界一流腦袋的人在台灣貢獻，台灣才會有美好的未來。

歐巴馬第二任總統任期剛啟動，競爭力大師波特教授對他提出八點「立刻要做」的建議。其中第一項就是「放寬高級人才移民美國的法令」。這個世界人才的大熔爐，都有人才不足的憂慮，那麼一流人才已經不足、政策上又有排外心態的台灣，更需要修改法令，急起直追。

到底今天的台灣缺不缺人才？因為定義的不同產生了不同看法。如果學士及碩博士是人才，那麼台灣不僅不缺，還過剩；如果人才不是數「學位」人頭，而在實際操作上，那麼多種行業的高手藝、高技能、高專長的人才是嚴重不足；再說「世界頂尖的人才」，任何國家都缺，台灣當然更是望塵莫及。有哪些諾貝爾獎得主肯在台灣，長期停留做出貢獻？當他們能夠來訪問幾天，做幾場演講，我們就已經覺得難能可貴了。

沒有世界頂尖的人才，就不要想賺世界的錢。一個小島的人才是不可能自給自足的。二〇一三年美國《哈佛商業評論》選出「世界級企業領導人一百位排行榜」。台灣只有一位，是排名八十三的聯發科技董事長蔡明介。這是聯發科技的驕傲，但只有一個台灣人出現在一百位世界級人才中，是否有些孤單？

二〇一三年二月號《遠見》雜誌

第三部

前進「開放台灣」之路

在美國開放而又美麗的校園，宛如一座世界村，
我跨出了第一步，決心要向外面進步的、富裕的世界學習。
那是一九五九年的秋天。

回首與前瞻，
面對未來不確定的世界，
此刻是二〇一五年，
世界是平的，路不會是平的，

前進「開放台灣」之路，要從四個「自我要求」開始：

（一）要有學習心。

（二）要有冷靜腦。

（三）要有中華情。

（四）要有世界觀。

做到三個「不依賴」

（一）不依賴親人，獨立奮鬥。

（二）不依賴政府，自己做主。

（三）不依賴命運，自求多福。

在複雜的現代社會裡，做一個簡單的人，

拉高標竿，一切靠自己。

分享智慧，遠比分享財富有價值，

那麼，我願意分享一生的座右銘：

「永遠可以做得更好」

第七章

不忘初衷──走過江南、台北、威州、大中華

猶記得二十三歲的我，初抵美國，就讀到大經濟學家凱因斯的一句名言：

「觀念改變歷史的軌跡。」

此後也就改變了我的一生。

我很快意識到現代社會的構造，必須要靠進步觀念；自己就要格外地努力學習。

一九七七年與一九七九年二次在台大的教書，

使我陸續在以《聯合報》為主的媒體上提出了一些觀念與主張：

「天下沒有白吃的午餐」、「決策錯誤比貪汙更可怕」、

「公立大學的學費應當調高」、「家庭要以書櫃代替酒櫃」、

「首長不能三思而不行」、

「沒有一個國家因教育投資過多而破產」、

「內閣人選應當公開討論」、「從政者不會是天使」、

「不要強人領導，要強勢領導」等。

對這些「進步」觀念，社會有認同，也有爭議；

但完全沒有影響我要持續推廣進步觀念的決心。

39 眷村，農村，世界村
——台中農學院的四年豐收

大學經驗，專心學習的好環境

我讀的是經濟，比經濟更重要的是教育。對獻身教育的老師，我有最深的敬意；對母校，有最深的感恩。

回顧一生，大學是關鍵的四年。所受教育，影響了我一生。半世紀前在省立農學院就讀（現在是國立中興大學）。那裡沒有大樓，但擁有幾位大師，一大批農業科學的專家，近九百位求知欲強的青年，以及樸實寧靜的校園；在那個克難年代，真是一個可以專心學習的好環境。

農學院座落在當時就有「文化城」之稱的台中市南郊，五百畝地的校區有農場、苗圃、實驗室、宿舍、餐廳。筆挺的椰林大道，穿越校園；左右二旁是一排又一排木造的、矮矮的，有些東洋味的教室。除了一小幢灰色行政大樓，及頗為莊嚴的禮堂，最吸引學生的就是規模較大的二層樓的圖書館，它是學生最常去的地方。

這些青年學生，來自台灣各地。有的來學畜牧、森林，有的來學土壤、園藝，有的來學農化與農教；其中八十多位同學（分為二班）大多來自北部，像我一樣來學農業經濟。

那些帶有大陸鄉音的老師——不論是教國文、經濟學、土壤學、肥料學、合作學——都可以歸納出一個結論：中國之窮，窮在農民；中國之弱，弱在農業；中國之貧，貧在農村。我們立刻感受到自己的責任是「以農立國，振興農業」。「樸精勤誠」的校訓，是要這些十八歲左右的學生認真實踐的。

課堂裡外，大時代名師如雲

一九四九年政府撤退來台後，就逐步推動土地改革，包括三七五減租、公地放領等，農業發展開始受到特別的重視。

在農學院（一九五四～一九五八）的四年，我們幸運地受教於多位極負盛名的師長：教國文的徐復觀、英文的陳越梅、經濟學的劉道元、農業經濟的李慶麐、農業政策的張研田、農業合作的尹樹生、農業運銷的廖士毅等等。

徐復觀老師對文化及時政的評論犀利深入，受到社會重視；還主編在香港出版的《民主評論》，我每期必讀，正如讀《自由中國》一樣。在年輕學生內心裡，民主、法治、開放等理念已經在擴散。大三時，復觀師轉赴東海大學，剛要出版《學術與政治之間》下冊，請我校對，使我十分興奮。

陳越梅老師是杭立武先生夫人，學生都稱她「杭伯母」。衛斯理學院畢業的她，在我們心目中，她的英文當然好得不能再好。她在最大的第一教室上課全坐滿，窗外還是擠滿了站著旁聽的人。幾堂課後，她能叫出每一個學生的名字，使我們又敬又畏。在教室裡上課的個個坐立不安，就怕被她點到名，要用英文來回答；膽子小的同學，有時寧可在窗外聽。嚴師出高徒，我們那班同學，真要感激杭伯母。

張研田老師學識淵博，每隔二週來台中講授農業政策。那時他已在台大農經系任教，對我的學科考試及讀書報告似很滿意。在畢業後當兵前的一段空檔，找我去台大擔任短期助理，幫他搜集及翻譯一些中英文文獻，也因此認識了謝森中（後為中央銀行總裁）、李登輝（後為總統）、王友釗（後為農復會主委）等著名學者。

劉道元老師是讀經濟的啟蒙老師。他發給我們自編的教材，有濃厚的山東口音，認真地講授以前從未接觸過的觀念：如邊際效用、工資鐵律。他常在《民主評論》上發表對美國資本主義的文章。有一次他驚訝地發現我常讀他寫的論文，並且還記得論點。這個發現縮短了師生距離。道元師有一次問我：「你要不要晚上用我的研究室讀書？」那真是太意外的驚喜。從此每晚就不再去有蚊子的教室或到圖書館搶位子。出國前夕去辭別，他勉勵我「先要讀懂西方經濟發展理論，再經過消化修正，用到自己的國家，變成國家富強的政策」。

純樸年代，人窮志不窮

在那國民所得不到美金一百元，在那沒有電視、電腦及手機的年代，我們除了專心讀書，一無所有；但這些年輕人都胸懷壯志，也一無所懼。

那個年代學生的生活圈就在教室、圖書館、宿舍。有輛自行車是奢侈品，從外地來讀書的，學期中很少有同學能負擔起火車票回家一趟。一個月的伙食費是一百二十元台幣，一個禮拜才有一次葷菜，清寒家庭申請到一個月二百元助學金，就可維持。如果週末口袋裡有五元台幣，去看一場電影（二元五角），吃一碗牛肉麵（二元五角），那就會令人羨慕。

班上四十三位同學，大約有十餘位女生，大家都相處很好，其他系中的同學（尤其美麗的），也大都（可以找到理由）認識。除了課業，我也與高班同學胡家驊等組織文藝社，創辦了《積穗》雜誌，設法向各界募款，很辛苦；也因此認識了住在台中享譽文壇的張秀亞女士，她優美的散文發表在學生刊物上，是何等的慷慨，至今還記得她的京片子與秀麗的字跡。經過她的引介，我隨張雷神父學英文寫作，他一週改一篇，使我終生受益。出國前他送「Charles」英文名，日後就變成了美國友人最熟悉的稱呼。

那時台大施建生教授寫了一本好書：《經濟學原理》，售價一百八十元，相當於一個半月伙食費，大家都買不起。一次論文比賽中得了獎，訓導主任王天民老師告訴我，王志鵠院長要給個獎，問我要什麼？我鼓起勇氣，提到這本書。不久收到這本書，上面還有院長勉勵的字。我如獲至寶，日夜細讀，還在書上做了不少筆記。沒想到一年後在東海大學外文系的大一女生，因投稿《積穗》而認識，寫信問我有沒有這本書。當時東海已在推動通識教育，外文系學生要修經濟。她來自左營眷村，也買不起。她收到書後發現：我似乎是一個好學生，對我產生了好感，投稿也增加了。她在東海畢業，就飛到美國布魯金斯校園嫁給了我，這使我不得不相信古人的話：書中自有顏如玉。二〇一〇年是結婚五十週年，帶了兒子女兒再回到布城，追述那段「書緣」，女兒回應：「難怪你總是鼓勵大家要多讀書多送書。」

融入台灣，研習經濟發展

回到大四那年，我們幾位同班及高班的好朋友，常常在一起高談闊論，都有「天下興亡」的使命感。農學院四年的訓練是扎實的。在農業科學領域，我們已讀過化學、森林、水土保持、氣象、園藝、病蟲害及農場實習等專業課程，在農業經濟本科已修過經濟學、統計、運銷、管理、金融、農民組織、合作學、農業政策等課程。三個暑假都隨教授到中南部及東部的農村做農家生計調查，在大四時還寫了近十萬字的農民收入報告。我被農民終年的辛勞感動，對他們的低收入感到不安。我已經在思維上變成了農村子弟。

我走出了眷村，與童年的江南，漸行漸遠；走進了農村，開始融入台灣的土地。眷村的清寒，足以磨練志氣；農村的落後，必須尋找新的出路。

從大三開始，常在圖書館研讀老師指定的英文書及學術期刊。在英文材料裡，開始讀到「落後地區」、「經濟成長」、「貧窮的惡性循環」這些名詞，一門新的學科：「落後國家經濟學」、「經濟發展」「Economics of Underdeveloped Countries」、「Economic Development」在一九五〇年代中期的西方世界開始萌芽。

想起一九三六年出現的「凱因斯理論」，二十年後在台中讀經濟，還是讀不懂；這次美國學者提出了「利用農村剩餘勞動力」、「資本形成過程」、「農工均衡發展」等新學說，它是何等令人嚮往！

大學四年，眷村子弟變成了農業新兵；此刻已經立志修讀「經濟發展」。我知道：要使自己的國家擺脫貧窮，必先研究為什麼別的國家會富裕。

我要趕上這列經濟成長思潮的列車，畢業前夕產生了強烈的意願想到美國讀書。眷村的子弟，怎有能力出國讀書？讀到農學前輩沈宗瀚博士的《克難苦學記》，給了我極大的鼓舞。（十多年後與沈君山教授相識，我告訴他：令尊是克難苦學；你是瀟灑一生。他哈哈大笑。）

一份助教獎學金，使我趕上了南達科他州立大學的秋季入學。經濟系裡選的第一門就是「經濟發展」，教本就是魯易士教授（Arthur Lewis）的《經濟成長》

（二十年後他因經濟成長理論得諾貝爾獎）。

課堂上是美國教授，三分之二的學生則來自落後地區。在教室裡從沒有見過外國同學的我，一瞬間宛如走進了世界村，各種膚色，不同口音，眼花撩亂，興奮莫名；也因此認識了來自韓國、新加坡、菲律賓、印度、埃及、南非、智利等地的同學。

在美國開放而又美麗的校園，宛如一座世界村，我跨出了第一步，決心要向外面進步的、富裕的世界學習。那是一九五九年的秋天。

再回母校，看見希望與信心

二〇一一年六月，回台中參加畢業典禮。母校已變成一所現代化、綜合性的優秀大學了。五十二年前那時的畢業人數全部只有兩百四十二位學士，現在已高達四千兩百八十二位，其中博士學位一百八十七人，碩士學位一千三百三十七人，這真是台灣的「教育奇蹟」。在講話中稱讚即將卸任蕭介夫校長二任的貢獻，更勉勵中興大學的畢業生要追求「三中」：(1)變成社會的「中堅」，(2)發出「中間」的聲音，(3)結合「中國」大陸的人才與資源。

母校又延攬到中研院院士李德財博士擔任新校長。這位國際著名的資訊科技學者，曾在美國西北大學任教多年。我有機會認識李校長的新團隊，對他們充滿了信心。

一所大學有好校長，就容易吸引好教授，就容易培養好學生。儘管半世紀前的農學院與今天中興大學相比，似乎有天壤之別；但對我們而言，那永遠是「豐收的四年」。

二〇一二年三月十五日發表於《聯合報》

40 不確定的世界，堅定的努力與信心

面對未來，不確定及不穩定

過去，很少人會在新世紀之初想像今天的世界是如此的不確定，就業是如此的不穩定。這幾年中，全球先後經歷了嚴重的金融危機與經濟衰退，其中一個最明顯的傷害，就是年輕人找工作的困難。

當前各國都有很高的青年失業率（十五至二十四歲，youth unemployment）。希臘與西班牙都超過五〇%，英國與法國也都超過二〇%。與他們比，台灣的青年失業率（十五至二十四歲）為一三%，算是相對地低。每年應屆畢業同學立刻面臨的二個問題是：能不能找到合適的工作？能不能有合適的薪資？

我們可以從二組因素來理解世界的不確定及經濟的不穩定：以外在因素來看：

- 重要國家金融體系失控。
- 歐元國家財政惡化。
- 世界新科技產品產生優勝劣敗的洗牌。
- 區域經濟整合的困境。
- 中國大陸經濟快速成長帶來的變化。

以台灣來看，今天的困境來自過去二十年來情勢的惡化：

- 產業結構調整太慢。
- 市場開放程度不夠。
- 保護主義心態太強。
- 輸出產品競爭力下降。
- 政黨對立造成政策僵持。
- 國內外企業缺少投資。

• 人民「白吃午餐」強烈，稅收難以增加。

年輕人，四個「自我要求」

儘管世界不確定，經濟不穩定，正要進入社會的大學生沒有悲觀的權利。五十年前我大學畢業時月薪台幣八百元，每人所得不到美金一百元。世界是平的，路是不平的，我建議四個「自我要求」，以它來剷除路障，走上康莊大道。

(1) **第一個是學習心**：在這知識與創新的年代，大學所學到的只是一個人生的起步。唯有不斷地吸收新知，才能確保大學文憑不是一張過時的學生證。

當一些社會新鮮人只能找到低薪的工作，所反映的實在是自己的競爭力還弱，自己本身的附加值還低。例如最新的美國資料顯示，當有三六%的應屆畢業生認為薪水一年不到美金三萬元時，居然另有三三%認為他們的薪水會超過四萬與五萬美金。因此，要把自己變成一個薪水高的人，就必須提高自己專業的競爭力及附加值，這個捷徑就是大量閱讀，不斷學習，培養新的技能。當代管理學者都強調：企業興衰與個人成敗的最大關鍵，是在看誰有能力比對手學習得更快、更徹底。在所有的選擇中，學習最重要；在所有的自由中，沒有不學習的自由。

(2)**第二個是冷靜腦**：在資訊氾濫的年代，如果沒有冷靜的腦來保護自己的清醒，人就容易在資訊洪流中被淹沒。擁有了冷靜的腦，就容易追求公平與正義，判別是非與對錯，同時變成一個負責任的現代人。負責任的現代人是靠知識、品德與奉獻立足於社會。

「知識」有幾個特性：①沒有歧視性，不論貧富，任何人追求，任何人都可以得到；②知識有共享性，個人的增加，不會使別人減少；③知識有公平性，要靠自己努力才能得到，無法像財富一樣可以移轉；④知識更有無限性，愈追求，愈覺得自己渺小，也變得愈謙卑。

來過台灣訪問的諾貝爾獎得主康納曼教授在《快思慢想》一書中就告訴讀者：①對人與對事的判斷不要先入為主，更不要堅持己見。②不要根據小樣本，做大推論，這會有很大風險。③不要根據有限的經驗，做無限的想像。④做決定時，不要錯失時機。

(3)**第三是中華情：**我生在南京，長在南港眷村，後又去美國讀書教書，近十年來又定居台北。當被問起「你是哪裡人？」，想起魯迅寫過的話：「我到過的地方，都是我的家鄉。」似乎不容易只有一個答案；但在我的思維中自然充滿了中華情。

二〇一三年三月遠見民調中心做了一次「民眾自我概念」的調查，在可以複選的五個稱呼中：民眾認為自己是台灣人：九七%；中華民族一份子：七八%；亞洲人：七五%；華人：六九%；中國人：四二%。

對這五個稱呼，我都喜歡。也許還可加一個「地球人」的選項，星雲大師常自稱是「地球人」。中華情，是不論你身在何處，可以歸納為：

- 對中華歷史與文化有熱情。
- 對中華傳統與倫理有溫情。
- 對本土與異鄉有感情。

一個沒有民族情與文化根的人，猶如漂流的浮木，無所依靠。

(4)**第四是世界觀**：世界趨勢專家奈思比（John Naisbitt），每次來台灣最常勉勵年輕人的話就是：融入世界（Join the World）。外貿導向的島嶼，應當要擁有寬廣的世界觀；可惜的是大多數年輕人對外邊的世界缺少興趣。亞洲大學在這方面投入了很多心血，不僅有各種國際交流，每年更邀請了諾貝爾獎得主來校演講，這種「百聞不如一見」的機會，擴展了年輕人的視野與嚮往。

台灣需要一個「全球化視野」運動，認清台灣是國際舞台上的一員，因此，除了本土，還有世界；除了學習方言，還應當要學習外語；除了自我的要求，還要有世界的標竿，千萬不能夜郎自大或坐井觀天。面對中國大陸的興起，台灣的年輕一代更要爭氣，與大陸相比，我們只有靠軟實力來展現優勢。

一旦擁有世界觀，也就容易擁有「以人為本」的信念。當以「人」為核心時，就要發揮人性尊嚴，共同追求這些基本信念，如：公平與法治；教育機會的普及；財富的合理分配；文史哲、藝術、音樂、外語等的提倡。因此年輕一代，就更需要培養人文素養。這就和薩依德教授（Edward W. Said）所提倡的「寬廣的人道關懷」相近。

看台灣，擁有無限的「心智空間」

如果此刻列舉大陸與台灣個別擁有的優勢，那麼在大陸看到賺錢的商機、威權政府的效率、國際地位的躍升、民族的自信；在台灣處處看到了自由與民主、人性的尊嚴、人民的品質、民間的活力，以及沒有恐懼下自我選擇的生活方式。

今天台灣在華人世界中最大的資產，就是這些無形而珍貴的「心智的空間」。每一個人可以自由地思考、閱讀、學習、表達；進出國門檢查，不需一分鐘；批評官員，不需要勇氣，甚至不需要經過大腦。

六十年來，台灣社會雖然飽經波折，但是民間生命力一路走來，始終堅韌。當這些生命力投入各種產業（包括文化創意）時，我們就見到了一波又一波的異軍突起。這是台灣社會「亂中有序」的安定性，以及遠離政治後民間力量的擴散性。因此近二十年來台灣的舞蹈、電影、雕刻、設計、體育等，在國際舞台上都有令人驚豔的展出與成就。

隨著自由與民主的生根與政權的輪替，台灣的年輕一代，已經理所當然地生活在一個門戶開放、思想解脫、心智奔放的大環境中，可以熱情地留下來深耕台灣，或者勇敢地走出去開疆闢土，要把台灣放在世界地圖上發光。盡情發揮「心智的空間」，開拓精采的一生。

此刻站上國際大導演巔峰的李安，一生中曾經有過不斷的挫折，最近回台灣時告訴大家：「我的成功從脆弱開始」、「我把最好的都給了全世界」。這二句話比賈伯斯在史丹佛大學畢業典禮中講的「Stay hungry（求知若渴），Stay stupid（虛心若愚）」對台灣年輕一代更具震撼性。因為前一句話他是指台灣的成長經驗，後一句話是指專業要在世界舞台上比高下。

不確定，對上三個不依賴

面對不確定的世界，不穩定的就業，我們要立志做到「三個不依賴」：

・不依賴親人，獨立奮鬥。
・不依賴政府，自己做主。
・不依賴命運，自求多福。

走出校門後，就要充滿鬥志地走向社會。從「自求多福」勇敢出發，靠「自己做主」乘風破浪，以「獨立奮鬥」開創事業。

二〇一三年六月八日發表於《聯合報》

41 貧窮是動力，文明是歸宿

——一個經濟教育傳播者的夢想宿

或許有人會說：「要做偉大的宗教家與文學家，必先修一門飢餓的課。」不，不能這樣殘酷地要求；我們讀經濟的要說：消滅飢餓、消滅貧窮、消滅無知、消滅落後，是人類走向進步必須跨越的第一道門檻。

進步，新觀念的衝擊

五十四年前（一九五九），一個二十三歲、在南京出生、在台灣長大的青年，申請到了一份美國大學的助教獎學金。

他去美國讀書就是要研讀如何使國家不再落後、人民不再貧窮的一門新學科——它叫「經濟發展」（Economic Development）。

當時台灣的每人所得不到二百美元，大學畢業生的月薪是八百元台幣，我每個月念書的獎學金是在台灣工作月薪的八倍。這就是當時台灣的落後。

在美國五年讀書（一九五九～一九六四）的過程中，「新觀念」的接觸帶來了空前的衝擊。對一九五〇年代的台灣學生是多麼陌生而又多麼地興奮。半世紀前我難以置信地在教室裡聽到、在社會上看到、在生活裡體驗到：

- 愛用國貨不一定愛國。
- 國營事業的績效比不上民營企業。
- 多種形式的保護與限制看來必要，但常常產生各種巨大的負面效應。
- 提升基本工資的好意，反而可能產生失業的惡果。
- 幫助窮人不要靠救濟，要靠教育。
- 追求利潤的「市場」居然會比充滿好意的「政府」既「聰明」、又「有效」。

•追求「私利」和「財富」，常常「利己」也「利人」。

如果一九六〇年代在歐美有不少年輕人被馬克思思想吸引住，那麼我更著迷於資本主義市場經濟下的運作及那隻看不見的手。自此，我要做一位提倡「進步觀念」的「自由人」。

什麼是觀念？觀念就是一種看法、一種推理、一種思想；它同時也反射了一種意願、一種嘗試、一種嚮往。它表達了一個人的價值標準、專業知識，以及道德勇氣。

什麼是「進步的」觀念？「進步的」觀念是在法治與民主的天秤之下，這些看法與論點能夠促進經濟效率、社會公平、文化進步與永續發展。它向特權、壟斷、保護、惰性等現象挑戰。

法國的文學家雨果在十九世紀就說過：「當一個觀念成熟時，武力都擋不住。」可惜，這種狀況常常等都等不到。三十年前我在台灣提出公立大學的學費應當要合理調整，到今天還是困難重重。

重返中國，第一站是北大

當我再回到出生的大陸，是三十九年之後，一九八八年的六月。第一站就是北京大學，應邀在前燕京大學校長司徒雷登住宅改成的會議室中演講，題目是「分享現代經濟觀念」，在當時只講馬克思主義的北大，向那些資深的教授與年輕的研究生，分析資本主義下的市場經濟，是一個難忘的經驗。

我一開頭是這樣說的：

五四運動所提倡的德先生（民主）與賽先生（科學）是現代國家需要的兩個輪子，可惜還缺了另二個輪子：那就是經濟與教育。民主可以治國，科學可以強國；但是沒有經濟如何富國？沒有教育何以立國？如果當時就提出了這四項，中國的現代化是否會減少不少的冤枉路？

有了四個輪子，「現代化」這輛汽車才能平穩和快速地往前開。這個觀察，可以說是我研究經濟成長與教育發展二十多年後的心得。因此，當我的四本書：

《經濟人、社會人、文化人》、《天下那有「白吃的午餐」》、《觀念播種》、《構建一個乾淨社會》先後在北京與上海出版時，感覺到似乎盡了一些讀書人的責任。

民主，促成經濟發展的重要性

台灣三十年來的這些成就得之不易，它來自於台灣經濟的成長、教育的普及，以及民主的推動。

現在，讓我綜合地提出：「經濟」在人類發展過程中所扮演的關鍵角色：

(1)一個社會經濟落後，生活不可能富裕。
(2)一個社會經濟成果屬於少數人，社會不可能安定。
(3)一個社會只注重經濟成長，人民不可能快樂。
(4)一個社會經濟活動受政府全面控制，競爭力不可能高。

更進一步說，

(5)一個和諧社會是貧富不懸殊的、多元的、公義的。
(6)一個進步社會的媒體是公正的、政府與國會是有效率的、人民是肯付稅的。
(7)一個快樂社會是人民生活、社會福利、文化水平、永續發展是齊頭並進的。
(8)大陸和台灣（及其他地區）的歷史教訓是：沒有「戰亂」是人類生存與發展的一切根本。

國家發展，教育扮演關鍵角色

再綜合提出：教育在國家發展中的角色：

(1)世界上沒有一個國家，因為教育落後，而社會進步的。
(2)世界上沒有一個國家，因為教育支出過多，而財政破產的。
(3)世界上沒有一個國家，因為教育屬於少數人，而社會安定的。
(4)世界上沒有一個社會，因為教育制度受到政府嚴格管制，而能有創造力的。
(5)世界上沒有一個社會，個人如果不受教育，能活得有尊嚴的。

⑹世界上所有的社會，不能再出現「窮教育」、「苦孩子」、「缺工作」的現象。

⑺沒有一項支出比投資教育更迫切；沒有一項工作比從事教育更神聖。

⑻孩子的微笑，是天使的微笑；孩子的傷痛，是你我的傷痛。

在人類歷史上，十九世紀出現了「殖民地」，二十世紀出現了「世界大戰」，二十一世紀將以創新實驗室、知識殿堂與文明社會，來減少兵工廠、重工業、炫耀性消費的後遺症。

當前先進國家所面臨的共同問題，不是缺資金，而是缺人才；不是缺最新的資訊，而是缺成功的教育。因此美國的教育家自責地說：「我們的科技可以登陸月球，但還沒有找到有效的方法，教好下一代。」

因為教育與知識的重要，拍腦袋的時代已經過去。代之而起的是用腦袋、用人才；借腦袋、借人才。只要對外門戶開放，對內剷除保護主義，就容易出現競爭力提升的新局面。

實現，現實面的夢想

做為一個終身從事於推廣經濟與教育進步觀念的工作者，現實面的夢想是：

(1)人人受教育，就有生存的本領。
(2)人人有工作，就有活的尊嚴。
(3)人人有付稅的能力及真誠，就會產生文明。
(4)人人有盡公民的責任及熱情，就會永續發展。

經濟發展與教育進步帶來財富；比財富更重要的是幸福；比幸福還要重要的是和平。事實上，沒有和平，就不可能有幸福。

- 沒有戰爭的恐懼，是幸福。
- 把軍備費用改做和平用途，是幸福。
- 第一流的腦袋不造武器，改造文明，是幸福。
- 戰爭沒有贏家，和平沒有輸家，是幸福。
- 構建和平與文明的社會，是幸福。

• 「和平幸福」正是大家敬仰的星雲大師在世時，兩岸奔波所全力推動的，也是我們全體人民共同追求的夢想。

二〇一三年十月十四日發表於《聯合報》

42 如何做到「富民經濟」？

關鍵策略，提升國民教育品質

1.「競爭力」是熟悉的答案

行政院前院長陳冲曾提出「富民經濟」，特別指出「富」是動詞，並且希望能讓貧富不均問題得到改善。甫上任閣揆的這一政策宣示，正是經濟發展史上的大課題，也一直是人類面對的大挑戰，值得稍做評述。

人民如何「富」起來，國家如何「強」起來，二百年前的《國富論》（一七七六）告訴世人要用「一隻看不見的手」；半世紀前的四小龍「經濟起飛」的經驗顯示：首先要利用廉價勞動力；諾貝爾經濟學獎得主也各有他們提倡的學說；

三十年前不懂經濟的鄧小平在推動改革開放大浪潮中，勇敢地決定「先讓一些人富起來」。今天的大陸，確實一些人富起來了，接著就看如何處理更多「沒有富起來的」。

如果用當前經濟學說來解答「富民」與「富國」，那就首推哈佛教授波特的「競爭力理論」。「競爭力」是指一國在世界市場上能創造出每人平均財富的生產力（productivity），這就是富民經濟。他進一步指出：生產力決定每人平均所得，進而決定生活水平；競爭力愈強，創造財富的能力就愈高。根據瑞士世界經濟論壇（WEF）的世界排名，台灣已進步到二〇一一年的十三名，這實在是一個難得的成績。

世界競爭力排名是根據一百十一項總體與個體經濟指標，如基礎建設、總體經濟環境、高等教育與訓練、金融市場發展、市場規模、企業成熟度、創新。在去年一百四十二個國家評比中，台灣有八項為全球第一，如通貨膨脹率極低，平均發明專利數極高。

這解釋了為什麼台灣每人所得已超越兩萬美元，再以購買力平價指數調整，則高達每人四萬一千美元，超越了德、法、英、日等國；更進一步解釋了何以手持中華民國護照，可以有尊嚴地走出去。

2. 教育對所得提升的重要

上面從經濟面來討論「富民」是大家熟悉的；但有些著名學者則從教育面（即所謂「人力投資」觀點）來探討。史丹佛大學教授哈努謝克（Eric Hanushek）在二〇〇八年的實證研究中指出：一個國家如果在一九六〇年孩童學測成績高的話，其經濟成長率在以後的四十年中，會高於學測成績低的國家。OECD在二〇〇九年對三十四個會員國，十五歲（國三）學生在數學、閱讀、科學三個學科做了比較。美國學生的排名：數學二十五，科學二十二，閱讀十七；中國學生首次參與測驗，三科均為第一，令人傻眼。美國麥肯錫公司推估，如果美國的學測成績趕上其他優秀國家，美國在二〇一〇年的國內生產毛額就會有八％～十四％的提升，相當於一點二兆到二點一兆美元的增加。這個起因於教育品質落後的潛在損失可以「經濟上的大衰退」來比擬。（參閱中文版《哈佛商

業評論》二〇一二年三月號：〈教育強化未來人才力〉）

從中小學生的學測成績來做國際評比，並因此而推估一國經濟成長及生活水準，已經變成了顯學。佛里曼在《我們曾經輝煌》第六章中，也做了類似的國際學測比較後，向美國社會大聲疾呼：「用雙倍家庭作業復興美國夢」——要求每一個學生投入兩倍的努力、兩倍的速度、兩倍的次數，以及兩倍的分量。他歸納出的結論是：年輕人新成功方程式是：家庭作業×2＝美國夢。

在儒家文化的傳統中，普遍相信「書香門第」的世代影響，現在得到了證實。另一項根據二十年累積的資料，所做跨國性研究顯示：

⑴家中擁有大量書籍的孩子比缺少書籍的家庭，多獲得了三年的教育培養。

⑵父母擁有大學學歷的孩子，比父母受到教育少的孩子有更大優勢。

⑶父親為專業人士，其子女較父親沒有專業的孩子擁有兩倍優勢。

上述的發現，不論在富裕或貧窮國家、過去或現在，及不同的經濟體制都適用；在中國大陸最為明顯。（參閱佛里曼《我們曾經輝煌》）

3. 教育改革要「從容」和「耐心」

從教育面推動的「富民」策略，在台灣會遭遇到的最大阻力，不是官員的「無知」與「無心」，而是民粹當道的台灣，一切要立竿見影。速食心態之下，失去了「從容」，也失去了「耐心」，一個孩子的成長，一種教育制度（如十二年國教）的更改，恰恰需要這二者。

我能想到的一些「有感」措施，大概都是應急的、救濟的、炫耀的、頭痛醫頭的、有後遺症的；新內閣要勇敢地告訴選民：台灣經濟的基本面是健康的，所需要的是一連串長期性的調整，從產業到教育，不需要病急亂投醫。

西方社會不斷出現的這種實證研究，對台灣政策的啟示當然就是：要使人民富有，還得要有耐心，對小學和中學的教育品質大量投資。這當然需要經費注入，需要默默扎根，需要經年累月才看得見成效的治本政策，但怎能滿足民粹式的「有感」？面對衰退的美國國力，歐巴馬一再指出：美國國家的長期成長必須從提升幼稚園到十二年級（K-12）的國民教育品質開始。

誠哉斯言！

二〇一二年三月號《遠見》雜誌

43「台灣中興，有我」

《遠見》，二十五年的投入

二〇一一年六月，《遠見》雜誌創辦三百期，在這二十五年（一九八六～二〇一一）的歲月中，三位創辦人——高希均、王力行、張作錦——都在年幼時從大陸來到台灣。既有「中國不亡，有我」的歷史情懷，也有「台灣中興，有我」的參與熱情。我們是大陸人，台灣人，中國人。就是那份中國心與台灣情，孕育了我們要辦一本以傳播「進步觀念」為核心的雜誌。

三百期以來（約六千萬字），從王力行擔任創刊後的十三年總編輯到五年來楊瑪利的接棒，《遠見》專業的表現與優秀的聲譽，使它年復一年地獲得國內外多種榮譽。在推動進步觀念的大道上，《遠見》的立場與觀點始終如一：⑴推動經濟效率的提升；⑵推動社會公平的普及；⑶推動生活品質的改善；⑷推動兩岸的資源整合；⑸推動國人要擁有世界觀。

以「三中」，推動台灣「中興」

二〇〇六年《遠見》民調中心的成立，更增加各界對民意調查的重視（如ＥＣＦＡ的影響）；這也使得我們更具專業水準舉辦多種調查：如「企業社會責任獎」、「縣市長評比」、「服務業大調查」、「閱讀大調查」、「教育特刊」。此外，每年我們還舉辦二百多場的演講及論壇，增加讀者與專家面對面的交流；尤其秋季在台北舉辦的「華人企業領袖高峰會」已變成華人世界的盛事。

做為二十一世紀的一個知識份子，我有遠慮，也有近憂。自一九九五年起台灣的真實國內生產毛額（Real GDP）成長率降為六．七%後，十五年以來就一直沒再好過。面對台灣民主政治的缺陷、社會貧富差距的明顯、意識型態的操作，台灣急需「中興」再起。我們要以「三中」來扭轉此一頹勢：擴大「中間」的聲音，增強「中產階級」的地位，整合「中國大陸」的市場；這需要比二十五年更長的時間來實踐。

《遠見》三百期前夕，一位讀者的來信給了我們很大的鼓舞：「在眾聲喧譁中，台灣居然還有《遠見》雜誌的存在。」《遠見》會持續變成台灣前進的動力，我們會全心全力投入「台灣中興，有我」。

二〇一一年六月號《遠見》雜誌

第八章　年長者以身作則

自己的財富與愛心，不應當只屬於子女，
更應當慷慨與社會分享。
「捨」比「得」、「施」比「受」更延年益壽。
「自己的工作自己找」、「自己的前途自己創」、「自己的國家自己救」。
老年人說：「自己的老年自己顧。」
美國獨立宣言，發表在一七七六年七月四日。
這篇「新獨立宣言」是我以年長的當事人身分，獨自宣布：
它只有六個字：「獨立養活自己。」

44 高齡化時代的「新獨立宣言」

靠政府，天經地義？

今天的台灣，討論到任何公共政策議題，焦點都集中在「政府能為我做什麼？」很少聽到有人站出來：「我應當要為社會、為別人做什麼？」當討論人口老化時，立刻的聯想是政府更有責任來照顧、補助、津貼那些愈來愈多的銀髮族。這種天經地義的想法，既符合倫理，也與事實相近；不會有人反對，也沒有人敢反對。

如果這是北歐社會，一半的收入從年輕時代就繳了稅，到了晚年政府提供一切應有的照顧，那是對稱的，公平的，理所當然的。我們的情況是，國民平均稅賦居然不到一三%，政府要做的事那麼多，怎麼辦呢？

我的朋友楊志良，這位前衛生署長，自認有些「左派」，充滿了「溫暖的心」，之前就大聲疾呼：「長照制度未建立，台灣將成老人煉獄。」如果閱讀「人口老化」的相關文章，十之八九都是像他的口吻，提出各級政府要如何加強對老年人各種福利及照顧。台灣的教育水準很高，經濟自由化的程度也不算低，國營事業也有限，為什麼人民的思維竟是那麼地「一切要靠政府」？

珍視人性，自尊自立的一面

當你我因為自己的努力或幸運而不是「弱勢」時，我們就要靠自己。工作了一輩子，晚年還不能獨立安排自己的晚年，那豈不是白活了一生？晚年時出現政府的照顧、子女的孝順，要把這些看成「意外」的好意，不能視為當然，靠此為生。

不要認為這種說法是高調，而是回歸到人性的自尊自立本質——不占公家的便宜、不增加子女的負擔、不倚靠第三者的幫忙。更進一步來說：自己的財富與愛心，不應當只屬於子女，更應當慷慨與社會分享。「捨」比「得」、「施」比「受」更延年益壽。

精采人生，夕陽成朝陽

從樂觀的角度來看黃金年華，就出現了精采的晚年。現代醫學、營養、生活環境、心理健康等，使進入高齡的人，可以從容而自信地規劃六十五歲以後的四分之一世紀（六十五～九十歲），那是把夕陽變成朝陽的另一個新人生。

從出生到二十五歲的那四分之一世紀，是人生的栽種期，銀髮族的二十五年是人生經驗與智慧的收穫期及分享期。引證幾個實例：

- 九十六歲的郝柏村先生二〇一四年七月還到七七事變的盧溝橋現場參觀，並且發表了鏗鏘有力的談話：「中日抗戰是在蔣委員長領導下打了八年。」二〇一三年六月還出版了親自撰述的二冊巨著：《郝柏村解讀蔣公八年抗戰日記：一九三七～一九四五》。

- 九十歲的星雲大師每天寫「一筆字」書法，不斷地口述文章，接見各方訪客，還不斷去海外各地演講。
- 八十五歲時的齊邦媛教授，發表她生命巨著《巨流河》，引起國內外一致佳評。
- 八十歲的巨大董事長劉金標再度挑戰單車環島順利達陣。
- 七十六歲的王建煊先生在擔任監察院長任內，利用假期幫助緬甸等地的貧窮地區，寫下了一本感人的書：《貧民窟：看了會哭的地方》。

環顧左右，社會上有更多人在退休後，出現在台灣每個角落默默奉獻，特別是老師、公務員、醫生、企業經營主……。

六十七歲的嚴長壽先生透過公益平台，除了他自己的奉獻外，也匯聚了海內外社會菁英，離開了生活舒適圈，共同打造公益。「和一群志同道合的夥伴，捲起袖子，親身踐履夢想，共同為下一代做一點事，正是生命賜予的最大祝福。」這是他在《你就是改變的起點》中出現的一段話。

年長者的志氣「我要獨立養活自己」

在齊邦媛編著《洄瀾：相逢巨流河》一書中，李惠綿女士在二〇〇六年給齊老師的信中有這一小段話：「有位讀小學二年級的學生問我：『你走路這麼辛苦，為什麼還要讀書？』我毫不遲疑回答：『因為我要獨立養活自己。』」「這個想法，從孩童時代貫穿至今。」我找到了知音，她是台大中文系教授，也是一位多次得獎的著名作家。從小患有小兒麻痺症，但她以充滿的自信，一步一腳印在實踐人生的獨立。

回應近來我參與提出的主張：「自己的工作自己找」、「自己的前途自己創」、「自己的國家自己救」，老年人說：「自己的老年自己顧。」美國獨立宣言，發表在一七七六年七月四日。這篇「新獨立宣言」是我以年長的當事人身分，獨自宣布。它只有六個字：「獨立養活自己。」

二〇一四年八月號《遠見》雜誌

45 夕陽中的彩霞

——老年人靠自己．助別人

「要怎麼收穫，先怎麼栽」——胡適名言。

「人在晚年，只有靠自己，政府與子女都不可靠。」——西方流行語。

在公共政策領域，市場機制的優勝劣敗常常比道德勸說與政府干預有效。我相信：「自己的前途自己創」，正如我常對年輕人說的：「自己的工作自己找。」對長者我也要說：「自己的晚年自己顧。」避免引起誤會，讓我立刻說明：「社會上的弱勢團體——不論是青年或老年——政府是有責任照顧。」我更要補充：政府的每一分好意、每一項支出都來自稅收。稅率與稅基不動如山時，任何支出的增加，遲早會產生赤字，遲早會引起通貨膨脹。

只要討論到人口老化及高齡化社會，就是一連串的悲觀數據與淒涼聯想。所出現的詞彙，無不環繞著：老本、老屋、老友；失能、失智、失伴；老人三怕：窮、病、孤單。這些都是真實的，而且讓我對「高齡化」社會也稍做說明。自一九九三年起，台灣邁入了高齡化社會，因為六十五歲以上的人口占總人口比率已超過了七%，二〇〇六年上升至九．九四%，二〇一六年將會是一三%。再由於生育率下降與預期壽命延長，人口老化的趨勢不斷加快。這種「高齡化」上升的趨勢對經濟型態及生活方式會產生重大的影響。例如生產力會下降，經濟成長會緩慢，消費型態會改變，儲蓄與理財變得重要；另一方面稅基會減少，政府的社會安全與福利支出會增加，對老人居住、長期照顧、終身學習、休閒產業、人力再運用，都需要做適當規劃與調整。

面對這些劇烈的人口結構變化，當然要有公共政策的應對。但我還是要提醒大家，不要只看到高齡化帶來的問題，而忽略了超過六十五歲的人，還可以做出很多貢獻。社會各界要借重他們的經驗、智慧與財力，變成社會一股再生向上的力量。信義房屋董事長周俊吉最近指出：「銀領階級」是指比白領階級更高層次的知識工作者；他鼓舞大家都要設法晉身銀領階級：退而不休，老而不衰，持續為社會做出貢獻。

老人照護，政府應扮演何種角色？

當你我都很幸運地受過良好教育，有過合適工作，我們當然就要獨立自主地照顧自己的晚年，並且幫助別人。我曾經提出過有財富的應當考慮「三分法」：三分之一給孩子；三分之一給母校及社區；三分之一捐給公益團體；最好在生前都已陸續捐獻出。

照顧老年人通常有二種模式：第一種是「北歐」模式：人民承擔三〇%以上的稅，政府就有能力負擔起很大的責任照顧銀髮族。第二種是「赤字」模式：稅很低，政府沒有能力負擔很多，晚年的生活大部分就必須要靠老年人自己。但是在民粹壓力下，政府被逼著要負擔，就會產生財政赤字及難以為繼的後果。台灣是屬於這一種的窘態。充滿愛心的人民為什麼對政府有這樣的苛求?對自己這麼地寬容?目前困境是面對赤字不斷上升,你還有別的答案嗎?

一九五〇年代在南港眷村長大,那是動盪的大環境,一切靠政府,也就一切清寒。因此逐漸產生了強烈的意願,立志要爭氣、要努力、要靠自己。

一個一生有工作的人,到了晚年還不能照顧自己,豈不是白活了一生?「獨立養活自己」是所有長者都要做到的自勉與責任;也是所有年輕人進入社會時最起碼的人生規劃。

二〇一四年七月二十八日發表於《人間福報》

46 如何追求個人經濟「自立」？

想獨立，從經濟自立開始

沒有一個現代人不嚮往「獨立」——尤其是思想獨立與行為獨立；甚至拋頭顱、灑熱血，就是要爭取政治獨立的民主體制——自由、人權、法治、正義、公平……。我自己何其幸運，在一生的關鍵歲月中，生活在自由與開放的美國校園中。

今天的台灣人民，已一無恐懼地享受到台灣的民主果實；可惜的是在民主沒有成熟扎根前，就演變成了民粹！目前已陷入束手無策的地步。

此刻要討論另一種「獨立」，我是指經濟上的「自立」。在市場經濟運作下，如果個人沒有經濟上的自主，那會比失去政治上的民主更痛苦。「一錢逼死英雄漢」是小時候讀武俠小說時記得的一句話。諾貝爾文學獎得主莫言在史丹佛大學演講時，形容一九六〇年代初期大陸家庭的貧窮。他說：「因為吃，我曾經喪失過自尊；因為吃，我曾經被別人像狗一樣地凌辱；因為吃，我才發憤走上創作之路。」因此，古今中外，「窮」是最可怕的敵人。

要培養經濟自立，我提出人生五個階段。

第一階段：求學階段，自己的功課自己做。

第二階段：踏入社會，自己的工作自己找。

第三階段：建立家庭，自己的幸福自己建。

第四階段：事業奮鬥，自己的舞台自己創。

第五階段：夕陽餘暉，自己的晚年自己顧。

自立，從幼年開始

學習「自立」最重要階段，是從幼年開始：從小就要養成自己動手、動腦；流汗、流淚；用力、用心。親人、師友、同學、同鄉、同事都可以當「推手」，但自己必須要上台演出，走在第一線。別人可以幫忙，但不能替代。臨門一腳要靠自己。人生中最重要的名片不是家世，而是自己的本領——學識、技能、人品、態度的總和。這些資產是不能以遺產方式來自上一代，下一代必須要靠自己的努力才能獲得。

社會上這樣的例子愈來愈多：生於一個很貧窮的家庭，和生於一個很富裕的家庭，是同樣地不幸。前者「缺少」各種機會；後者「浪費」太多可能。所幸大部分的人都像你我一樣，生長在小貧與小康的家庭，養成了我們獨立奮鬥的性格，自己要面對每一次困難，珍惜每一個機會，克服每一次挑戰。

人生經濟自主的五個階段，必須循序而進。

• 從幼年養成自己解決問題的能力。

- 踏入社會，體驗人情冷暖，調整心態，急起直追。
- 建立家庭要「腦中」有事業，「心中」有父母，「情中」有你我，「胸中」有大愛，「家中」有書房。
- 事業奮鬥進入中年之後，更要發揮抱負，勇往直前。
- 進入晚年，盤算一生儲蓄，除了部分給子女外，要在有生之年捐獻給母校、社區、公益機構及需要的人，「捨」的喜悅遠大過「留」的安全。

所得高，付稅就要多

在貧窮社會成長的人民，理所當然地要追求財富。隨著經濟發展，除了慢慢出現了中產階級，更有少數人變成了巨富。巨富的產生在任何社會很少不與壟斷、特權、投機，發生緊密的關係。如果政府與立法機構，對這些巨富不能有效地適時訂定累進稅率，財富懸殊及社會不滿的現象必然產生。當前大陸習近平之「打貪」就是要減少人民的不滿。台灣所嚮往北歐社會的福利，就是建築在全國平均稅賦在三〇%以上（台灣目前尚不到一三%）。

當個人所得不斷上升時，就應當歡天喜地多付稅，這是個人的榮譽及分享；而不是想盡各種辦法漏稅、逃稅，甚至用違反道德的手段，持續增加自己的財富。

縣市長選舉投票前夕，又會出現政策買票的誘惑——增加各種免費的福利。稅收不敢加，福利不斷增，天下有這般好事嗎？經濟自立的長者會很有尊嚴地告訴候選人：「把錢用在最需要被照顧的人，我們會照顧自己。」

從政者要以「溫暖的心」照顧大約二成的弱勢團體，但必須要以「冷靜的腦」推動施政，為八成人民構建一個安全與快樂的社會。這些施政是「求好」地鼓舞人民經濟自主，而不是只想做「討好」的聖誕老人。

二〇一四年十一月號《遠見》雜誌

47 財富不需要留給子女

——一位韓國學生在矽谷創業的成功故事

四月間回到河城，威斯康辛大學（河城校區）校友會的負責人比爾．羅斯特正急著找我。電話中就興奮地說：「你記得三十年前教過的一位韓國研究生S．H（名字的簡稱）嗎？」我告訴他：「當然記得。」腦海中立刻出現了他的身影。比爾接著說：「他要捐一些錢給學校，指定是用來表達對你的敬意。他現住在矽谷，只等待你的答覆。」

次日在校友會的辦公室中，我們三人有個「電話會議」。三十年沒有聽過他的聲音，S．H講的英語還是很熟悉。他一口氣告訴了他奮鬥的故事：「一九七五年拿了學位後，就到了矽谷來做房地產的開發。正是選對了時機，矽谷三十年來的空前發展，使我經營房地產獲得了極大的成長與利潤。三天前我剛剛結束了所有的投資，付清了所存的銀行貸款，繳完了應繳的稅，我現在已經六十五歲，決定過退休的生活；但有一件事還沒有做，就是要感謝高教授對我求學時代的鼓勵與照顧。我與內人要飛來河城，捐贈一些錢，當面表示謝意。」

人生大夢，勇敢承擔

那是一九七四年的秋季，一位已是中年的父親，帶了三個子女及妻子來攻讀應用經濟碩士。從他並不流利的英語中，我有些擔心；但從他堅定的表情，我想經過一學期適應，可以修完學位。當時我擔任系主任，就決定自己擔任他的指導教授，並且分配了一間研究室讓他專心研讀。他曾修過我二門經濟理論的課，有些辛苦，但都通過。

我自己常在晚間及週末到系中工作。每次經過他的研究室，他總是在那裡埋首苦讀。有時與他短談，就更瞭解他的奮鬥與志氣。他在二次戰爭中長大（日本占領與韓戰），來美前是一位中學老師，覺得要出國進修，才有發展。帶來了幾萬美金的積蓄，沒有退路。住在一個狹小的「流動屋」（trailer）中，買了一架舊鋼琴，二個女兒喜歡彈。為幫助家用，妻子常常一天工作十餘個小時，做裁縫修補工作。威州的冬天冰天雪地，三個十歲左右的孩子冒著寒風，獨立地來回學校，參加活動，照顧自己。記得有一次在感恩節的假期中，他在我的研究室中談到這些家常；他又談到畢業後打算去西部冒險創業。三十多年的教書，學生中有成就的不少，但一位外國學生，身無分文，自己創業而累積到億萬財富的，S．H大概是第一位。

做事嚴謹，做人謙和

很湊巧的是，家人、與多年老同事們正準備為我開一個「生日派對」，時間是七月二十九日中午，地點在明城密西西比湖的一艘遊艇上。S．H夫婦決定那天也飛來參加。七月二十九日，盛暑中難得天氣涼爽。十二點正遊艇準時啟航，八十餘位親友及老同事們敘舊談天，好不熱鬧。岸邊的建築與花草相映成趣，密西西比河在藍天白雲下格外地嫵媚。

既然是「生日派對」，一定有來賓對壽星講一些好話。從前校長、前院長到老友盧偉民兄等都輪番稱讚。剛上任的威斯康辛大學的新校長貝茲博士（Don Betz）也起來道賀：「……我此刻要介紹一位高教授的學生，他與夫人專程從矽谷飛來……」

三十年不見的S．H，除了多些白髮，一切都沒變，臉上還是充滿著堅毅的表情。船上頓時鴉雀無聲，他開始說：「沒有高教授的教誨，就不會有今天一些成績。我時時記得高教授教課時的嚴謹，以及下課後的謙和。這變成了我的規範：做事嚴謹，做人謙和；是這個觀念幫助了我的事業。現在我把這張支票交給校長，做為捐獻的開始，以後還會繼續，來表達我與內人對高教授的尊敬。明年春天我們希望能邀請高教授與夫人一起去韓國度假一週，我們全程招待……」船上響起熱烈的掌聲。這張支票是六位數字，校長說這是上任以來收到最大的一筆捐贈。

奉獻，而且無憂

這正是意想不到的生日禮物。三十年前播的一顆種子，在矽谷開花結果。做為一個外國教授，遇到一位刻苦努力的外國學生，是偏愛，更是博愛。

更令我驚喜的是，S·H三個子女的傑出成就，分別在哈佛、史丹佛及加州理工學院畢業。小女兒（Susan）十六歲進哈佛，十九歲就修畢經濟學士。二位女兒在加州全州的比賽中分別獲得鋼琴與小提琴首獎。今天三位都有很好的工作與極高的收入。

三年前S·H捐了三百萬美元在新幾內亞島建了一所孤兒院。南亞海嘯時也捐了巨款。在我家中小聚時，他說：「三個孩子都告訴我們：『你們的財富，不需要留給子女，應當要用來幫助別人。』」「現在我們已經在慢慢地開始。」夫婦倆露出誠懇的微笑。

二〇〇五年九月號《30》雜誌

48 做一個「簡單」的現代人

對付複雜，用簡單回應

這真是一個「複雜」的社會：複雜的人心、複雜的政治、複雜的媒體、複雜的法令、複雜的理財、複雜的產品、複雜的兩岸關係……。

在全球化時代，早已進入「與時俱進」的複雜環境中，對付複雜只有靠簡單。

面對牛毛般的法規，簡單的對策就是「不觸法」。

面對利益輸送的引誘，簡單的對策就是「不參與」。

面對層出不窮的新產品，簡單的對策就是「不動心」。

面對日益擴大的社會焦慮，簡單的對策就是「不放棄」。

面對市場壓力下的競爭，簡單的對策就是「不落後」。

仔細觀察這個社會，該簡單的就從不簡單，該複雜的就一定超複雜。

三十多年前經過東京想買一台相機，陪伴的日本友人說要買就買Nikon。他說：「上面的配置可用於專業攝影。」當時充闊花了六百多美元，上面的很多機關到今天還沒有碰過。

二十年前微波爐在美國上市。銷售人員說服內人買了一個多功能的RCA（也是六百美元左右）。上面有各種烹調的處理：香腸、火雞、馬鈴薯……這麼多年來只用過它二個功能：加溫及解凍。

複雜，邊際效用遞減

相對於大家稱讚的「附加價值」（value added）這個名詞，我要提倡相對的

「功能減少」（functions reduced），因為目前很多產品的功能已經不少，新功能的邊際效用在加速下降。因此，減少不必要的功能，反能增加消費者的安全感；也能放慢新款式的出現，這完全符合永續發展的思維。

「功能減少」的精義是：去蕪存菁。減掉效用低的附加功能是加分，而非減分。把「減」廣泛地用在生活層面，如減掉中秋月餅的過度包裝；減掉皮包中太多的口袋，口袋中太多的信用卡；減掉餐廳中太長的菜單；減少聊天中道聽塗說的八卦，就會產生「少」即是「好」的微妙變化。在武器採購上，更要有定見拒絕因「新功能」的出現，再花幾十億、甚至幾百億去買武器。

減肥的人與提倡環保的人最能欣賞「Losing is gaining」及「Less is more」。傳統上「多多益善」是貧窮社會的嚮往，環保社會的正確思維是「少少為佳」。「適可而止」或「淺嘗即止」應是現代社會的消費準則。

欣賞，簡單之美

簡單是多與少、大與小之間的平衡選擇。我對「小」感到不安，從小格局到小確幸；更怕「大」，就絕少去大百貨公司、大賣場、大餐廳；更不敢見大場面、參加大典、見大官及大富豪。「小」使我失望，「大」使我怯場，只有「大格局」使我興奮，「複雜」也使我心煩。心中有一把自我節制的尺，就會從容。現在更嚮往各種形式的「分享」，看過人間滄桑，人生的最後道路上，應當充滿「分享」的路標，那真是美麗的提醒。

思慮到永續發展，就不要耗盡資源；思慮到貧富差距，就更要資源共享；這一切都要從化繁為簡做起。信服了「簡單」，就少了貪婪，就不會贏者通吃，就不再會惡化貧富差距。

簡單，人生的解方

簡單不僅美，也變成了美德。法國學者皮凱提來台演講，掀起了徵稅議題。西方人在討論納稅問題時，多數認為最重要的原則除了「公平」更要「簡單」。

杜拉克早就指出：「剔除不具附加價值的活動，無損於顧客。」

《湖濱散記》的作者梭羅遠在一世紀以前，當美國還不富裕時，就提倡：「Simplify! Simplify!（簡單化！簡單化！）」簡單不是簡陋，不是天真，更不是寒酸；而是不做作、不複雜、不浪費；它是恰到好處的適可而止。人生到了這個境界，也就接近圓滿。在人心險惡的年代，做到「簡單」才是正道。

對那些用腦動筆的人，如果有人說：「你們很簡單。」千萬不要生氣，他們是在指你們的文字「簡」潔、行為「單」純；在這複雜的社會中，還有比這個更好的稱讚嗎？下定決心做一個「簡單」的現代人吧！

二〇一四年十二月號《遠見》雜誌

49 永遠可以做得更好

顧應昌院士（Anthony Y. C. Koo, 一九一八～二〇一一）於二〇一一年六月在美國去世，享年九十三歲。成長在動亂的中國上海，二十二歲赴美深造，二十八歲（一九四六）取得哈佛大學經濟博士，任教於密西根州立大學逾三十年。

凡是與他相識的朋友及受教於他的弟子，都被他的人格特質所吸引：做人上：謙和、友善、熱心；做學問上：知識淵博，嚴格自律，也嚴格要求學生。他對中國學生尤其如此：「你們要爭氣。」

治學嚴謹，為政府獻策

我在密西根州立大學修經濟發展（一九六一～一九六四），選過顧教授講授的總體經濟、國際貿易與經濟發展理論。那正是他學術生涯中豐盛的年代：投入重要的研究，到各處演講，卻極少缺課；與他約時間請益時，也很快可以見到。他對學生——特別是中國學生——態度上親切，評分則從嚴。

一九四〇年代顧老師在哈佛讀書時，大師如雲。他受教於熊彼得（Joseph Schumpeter）、哈伯勒（Gottfried Haberler，論文指導教授），漢森（Alvin Hansen）等。畢業後曾在聯合國短期任職，後即應聘至密州大經濟系任教。一九六八年時獲選為我國中研院院士。他在國際貿易理論上著述豐富，並出版《台灣土地改革》。他與劉大中、蔣碩傑等院士，就在台灣經濟起飛的關鍵年代——一九六〇～一九八〇——向當時的二位蔣總統建議要減少管制、保護、補貼等政府的干預，大力倡導台灣要走向市場經濟與自由化。

在那個年代的暑期，我常返台參與李國鼎先生主持的人力資源及經濟策略研究。有時一起在台北參加國際會議，顧老師的中文可以講，讀與寫則吃力。他與那時的首長如俞國華、孫運璿、李國鼎、蔣彥士、李煥、趙耀東等，都有政策上的對話。他最關心：台灣如何走向自由化，提升台灣國際競爭力；另一是台灣如何能與中國大陸改善關係，產生資源整合的效果。一生鑽研國際貿易上「比較利益」理論的顧院士，內心一定希望除了歐盟之外，再能找到一個他「祖國」的例子，那就是兩岸的「整合利得」（gains from integration）。

再努力，永遠有進步的空間

最後一次見到他，是二〇〇八年的七月，他來台參加院士會議後，我去南港接他及于宗先院士到台北小聚。當時他健康已日漸衰退，不斷地重複：「我們中國人現在出頭了。」「六十年前到美國讀書時，中國學生遭受很多歧視，那時只有靠自己把書念好，來證明自己的能力。」

這使我想起一九六四年的春天，博士論文口試時的一幕。顧老師是五個口試委員之一，不是論文指導教授；但他問了最多的問題——有些我自己知道是答得很不好的。當指導教授宣布口試通過後，顧教授面帶微笑：「我們知道哪些你是知道的；但要發現哪些你是陌生的，你就要在這方面努力。永遠記得：You can always do better。」

從那時開始，這一句話變成了我一生的座右銘：「永遠可以做得更好」「永遠要不斷進步」「永遠有改進的空間」。

二〇一一年九月號《遠見》雜誌

50 希望的種子

——參加愛心小學在大陸的落成

十三年前在〈中國的盛衰在教育〉（一九九二年九月《遠見》）一文中，我就引證了一段令人讀來心酸的描述：「泥巴桌子泥巴牆，泥巴墩子泥巴梁。前無門、後無窗，白天作教室，晚上關牛羊，學校學校不像樣。」

這正就是為什麼很多海內外的華人，都紛紛參與了大陸的「希望工程」。這個工程已經風起雲湧地變成了中國跨世紀的教育啟蒙運動。

在成長中，均衡發展

這次去大陸是一個全新的經驗。我代表王建煊先生創辦的財團法人愛心第二春文教基金會，參加二所愛心小學的落成典禮。一所位在遙遠的黑龍江省牡丹市的溫春鎮共榮村；一所位在重慶六十公里外東南邊的長壽區。

任何一個國家在經濟高速發展過程中，總會有很多照顧不到的人民與地區。因此，對北京官方提出的「中國在和平崛起」，我認為可以更周延地改成：「中國在世界競爭中崛起；中國更要在高速成長中均衡發展」。「均衡發展」是大陸與台灣，都應當變成增加人民福祉的核心政策。

兒童第一，小學優先

在落成典禮中，我講了這一段話：「長江三峽是跨世紀工程，受到全世界矚目；它的完成，會帶來巨大的民生利益；但有一項工程比三峽更偉大、更艱辛、更重要的，那就是全國的兒童教育。三峽工程代表的是科技興國；兒童教育代表的是教育立國。『再苦不能苦孩子，再窮不能窮教育』是消極的態度；積極的政策是『兒童第一，小學優先』」。

接受捐贈的小學，由四位高年級的小學生朗誦出了這樣感人的話：

為什麼在這金秋的山村裡，有那麼多激動的眼睛噙滿了淚水？

合唱：是愛心助學的善舉讓我們感動。

為什麼在這平凡的日子裡，我們卻奏起激昂的鼓樂、鳴放喜慶的鞭炮？

合唱：是海峽兩岸、骨肉親情的讚歌在這裡共鳴。

為什麼今天山村學童的臉上有如此燦爛的笑容？

合唱：是台灣「愛心基金會」的捐款，讓我們走進了嶄新的校園。

看到學生、老師與家長們的興奮，看到新完成的一排教室，看到在遙遠的土地上，台灣的愛心人士，點燃了近百位東北孩童希望的火種；突然，想起了杜拉克的話：「我不知道成為最有錢的死人有什麼意義？」

觀念，創造奇蹟

在較偏遠的黑龍江省，在急起直追的重慶市，找到了一批年輕的幹部。他們在三十～四十五歲之間，都有大學學歷，不少曾有國外訪問經驗，有些也有研究所的訓練，性別上幾乎男女各半。

他們都強烈地表達：必須要迎頭趕上沿海地區的發展。他們都深刻體會到：改變觀念是推動政策最重要的起步。我感覺到他們旺盛的生命力及堅強的執行力。

剛好我有一本書《觀念創造奇蹟》是四川人民出版社出的。其中一些觀念與他們分享：

- 有「平凡」的國民，才有「不平凡」的國家；
- 全力追求開放社會；
- 不能不理會「機會成本」的重要；
- 不能讓惡勢力超越生命力。

我告訴他們二十多年前在台北提出的「天下沒有白吃的午餐」「決策錯誤比貪汙更可怕」，近年提出的「讀一流書，做一流人」，也都需要長時間的推動。

他們對我提出的「平方效果」（正面的擴散效應）與「開方現象」（負面的內耗折損），以及組織中最好的人才要來創造新機會，而非解決舊問題，表示高度認同；對《藍海策略》中倡導的「價值創新」，也充滿了興趣。

有這麼一群肯吸收新觀念的幹部，大陸的潛力是驚人的。一位曾在海外工作過的重慶幹部說：「中國出口多，全世界緊張；中國進口多，全世界也緊張（如購買石油）；中國只有一條路：在全球化中廣結善緣。」

教育是國力的基石。多麼盼望我們台灣的領導人，能夠毫不遲疑地減少一千億台幣軍購，將它投入教育與研發。五年、十年之後，台灣的國力與台灣的安全，不會因為少買了潛艦與飛彈下降，反而都會同時增加。

二〇〇五年十一月號《30》雜誌

第九章 年輕世代要自創前途

我要送一個「己」字給年輕人：
你們要立足社會，就要有競爭力；
設定的標竿愈高，競爭力就愈強。
這裡指出四個拉高的自我修練：
盡一「己」之力，
用一「己」之強，
少一「己」之私，
無一「己」之怨。

51 「來自哪裡」不重要；「帶我們去哪裡」才重要

《百年仰望——20位名人心目中的民國人物》（天下文化二〇一一年三月出版）一書中有多位重要人物如王雲五、胡適、張君勱、張大千、李方桂、傅斯年、星雲大師、楊振寧……大概很多讀者不清楚他們是「什麼地方」人，但很想知道他們是「什麼樣」的人。正如三年前歐巴馬參選美國總統時，大部分的民意是：他「來自哪裡」不重要；他要「帶我們去哪裡」才重要。

在開放多元的台灣，「省籍情結」已愈來愈被淡忘；但碰到選舉，仍然又會隱隱約約地死灰復燃。因此，我不得不再重複地倡導「新」台灣人。

李登輝「新」台灣人的曇花一現

先回顧一九九八年一段場景。國民黨市長候選人馬英九與尋求連任的陳水扁對決。國民黨主席李登輝在投票前夕，在造勢大會中，高亢地拉起馬英九的手，宣稱他是一位「新台灣人」；並且大聲疾呼「不要再分本省人或外省人」，「台灣過去的成就是大家共同奮鬥的成績，我們都是新台灣人」。這一晚留下了台灣族群融合最美麗的光輝！一位擁有強烈悲情的老台灣人，已自舊有的意識型態中破繭而出。（可惜在政治算計中，只是曇花一現！）

再定義「新」台灣人的特質

二十年來，我對「新」台灣人的期許，充滿熱情，曾有過多次描述：「新」台灣人大都是一九四九年以後在台灣出生、受過良好教育的一代——除了台灣人，還有外省人的第二代（或者他們更認為是本省人的第一代）。六十歲似乎是一個分水嶺。他們命運共同的基石不局限於同一種方言、同一個省籍；更在於同一種文字、血統、文化，以及同一個夢想。一九九四年九月《遠見》雜誌一百期時，即以「新台灣人」為專題。

「新」台灣人也因全球化的腳步，使島嶼性格提升為海洋性格——包容、寬大、擴張、開放。「新」台灣人的理念中，已釋出了排他性，吸收了族群融合的包容性。「新」台灣人的價值觀——熱愛本土、深耕本土；迎接世界、接軌世界。

他們不是政治狂熱者，但關心公眾事務；不一定有巨大財富，但熱心公益活動；不一定有高職位，但是勤奮、守法。他們憂慮下一代教育、貧富差距、企業社會責任、社會紀律喪失、政治人物腐化等。他們就是一個進步社會中必須要擁有的中產階級。

在兩岸關係上，多數會贊同「維持現狀」——「不統、不獨、不武」，他們可以認同歷史中國、文化中國，甚至也投入「經濟中國」（大陸市場的開拓），但無法認同大陸當前的政治體制。

出頭「新」台灣人

只要是民主社會，就會有形形色色的「那些人」。他們的存在，證明了台灣是一個多元社會，但也帶給沉默的大眾焦慮。按照我的描述，「新」台灣人不會是「那些人」：

(1)不是那些政客，擅長漁翁得利。
(2)不是那些民代，擅長興風作浪。
(3)不是那些媒體，擅長捕風捉影。
(4)不是那些名嘴，擅長信口開河。
(5)不是那些官員，總是缺乏擔當。
(6)不是那些富豪，總想占盡便宜。
(7)不是那些「聰敏人」，總想混水摸魚。
(8)不是那些「蛋頭」，總是滿腹牢騷。
(9)不是那些民眾，總想白吃午餐。

(10)不是那些家長，總是教育的錯。

在商場上，挑剔的顧客，常是進步的動力；也許民主體制下，「那些人」的出現，才能在良幣與劣幣的較量下，經過多次選舉的淘汰，民意的壓力，沉默的民眾不再冷漠時，真正的好人出頭，逐漸變成我們理想中的「新」台灣人。

二〇一一年七月二十一日發表於《人間福報》

52 從「出生幸運」到「安身立命」

「出生幸運」的排名

從當前一些偏激的聲音中，台灣經濟好像正在走向末日。海外回台作客的朋友常說：自己親眼看到的台灣社會，與媒體上出現的台灣，是二個不同的地方：一個是小康有活力；一個是混亂而悲觀。

那麼，最近的國際媒體如何評估台灣？英國《經濟學人》在《二〇一三的世界》專刊中，刊出一文評比「出生國幸運」的研究。作者科基克（Laza Kekic），是預測世界各國社經變化的專家。他綜合了生活品質指標、主觀的生活滿意度調查，排序出當前八十個國家，來比較哪一個國家的嬰兒在二〇一三年出生時，會有「最好的機會，度過健康、安全、繁榮的一生」。

表四（頁二九八）列舉出台灣比較關心國家的排名。傳統上五強：美、德、法、英、日分別排在十六名與二十七名之間；「金磚四國」之巴西（三十七名）、大陸（四十九名）、印度（六十六名）、俄羅斯（七十二名），則幾乎全都在中段班之後。

台灣堂堂正正地排在十四名，既超越了四塊金磚，更超越了美、德、法、英、日。表五（頁二九九）也顯示：二〇一三年台灣每人GDP（經過購買力平價指數），不僅超越德、英、日、法，還超越瑞典、加拿大、丹麥。

看到這種振奮的預測，台灣人要有自信，不需要再自卑地不敢聲張，尤其怕被人指責「自我感覺良好」。我們有理由對當前台灣經濟批判，但與其他歐美國家相比，尤其從二〇一三年後，展望未來時，台灣是比八〇%的國家優秀，也就相對地「健康、安全、繁榮」。這就是為什麼台灣嬰兒有好運。

表四：2013 年出生國幸運指數排名

（愈前愈好）

排名	國家	排名	國家
1	瑞士	26	法國
2	澳大利亞	27	英國
3	挪威	28	西班牙
6	新加坡	34	希臘
10	香港	37	巴西
14	中華民國（台灣）	49	中國（大陸）
16	德、美（相同）	66	印度
19	韓國	72	俄羅斯
25	日本	80	奈及利亞

資料來源：英國《經濟學人》專刊：《The World in 2013》，頁 91

表五：2013 年台灣購買力調整後每人 GDP 超越日、法、德等國（單位：美元）

國家	購買力折算後之 GDP（括弧内為各國名目 GDP）
中華民國(台灣)	45220（22020）
瑞典	43710（55430）
加拿大	42850（53160）
丹麥	42260（56280）
德國	41550（41600）
英國	37860（38850）
日本	37430（45680）
法國	37240（40930）

資料來源：英國《經濟學人》專刊：《The World in 2013》，頁 93 ～ 101

全球巨富之一的巴菲特常說：「我一生的幸運來自我生在一個美好的國家。」（一九三〇在美國出生）二〇一三年要出生的台灣嬰兒，將是生逢其時，也生逢其地。

安身立命，策略性思考

嬰兒出生是生命的開始。以一個人的預估壽命八十歲來計算，社會將如何使他們以後的歲月安身立命？

「安身立命」就是「永續發展」。二〇一三年的台灣要往前看，往外看。正如我在二〇一二年十一月第十屆華人企業領袖高峰會開幕詞中所說：我們不僅希望「世界親近台灣」，也要「台灣融入世界」（Join the World）；因此大家要有更開放的心態：

⑴視野不再盯住本土。

⑵格局不再鎖住家園。

(3)心思不再限於當今。

在廣闊多元的世界舞台上，讓我提出八項策略性準則，供大家來討論台灣的「安身立命」之道：

(1)追求繁榮與自強，對外是走向開放、和平、資源整合；對內是取得重要政治、社會、環保等問題共識、並謀求市場機制（效率）與政府參與（公平）的平衡。

(2)台灣的活路，是與大陸接軌；台灣的出路，是與世界接軌。開放是生路，鎖國是死巷。

(3)軍事的支出要減少；教育、健康、環保、基本公共建設等支出要增加；社會福利要在人民分擔及財政能力下改善。

(4)凡是軍事不能解決的，借用政治；凡是政治不能解決的，改用經貿；凡是經貿不能解決的，借重文化；真正無法解決的，就「求同存異」。

(5)財政赤字、過度消費與貿易逆差要控制；外匯增加與貨幣貶值要節制；節約能源比開發能源更迫切。

(6)走向經濟衰落的捷徑是：執政者好意的堅持——保護、補貼、干預、防弊。

(7)大陸的經濟實力在持續擴大，必須善加利用；美國的影響力在逐漸消退，宜做好準備。

(8)重振經濟活力的關鍵需要競爭力的增加、附加值的提升、教育部門及各種產業的鬆綁，以及保護主義的減退。

我們那一代，出生於中國大陸的貧窮、落後與遍地烽火之中，現在大陸已變成世界第二大經濟體，台灣也在兩岸和平雙贏的新形勢下，發展出「健康、安全、繁榮」的前景，讓我們能夠從容地迎向生命的夕陽，享有人生旅程中最後的尊嚴。

二〇一三年一月號《遠見》雜誌

53

尤虹文的燦爛天空

夢想單飛，年輕人的關鍵詞

高雄的新興國中與劍橋的哈佛，有太平洋的阻隔。尤虹文，十五歲的國中女生，要以天賦、決心，「為夢想單飛」來跨越。十年後的她，進入了頂尖的哈佛與茱莉亞，已為自己大提琴的音樂世界，在西方與東方，開拓了一片燦爛的天空。

1. 哈佛畢業頒獎典禮中的演出

二〇〇八年六月五日的晚上，哈佛校園裡的安納堡廳燈光輝煌，三五七屆畢業活動頒獎典禮中，校長、董事、各界名流，及十位榮譽博士得獎者，都匯聚在這裡。典禮中有一個重要的音樂演奏節目。

燈光漸暗，瞬間鴉雀無聲，一位修長優雅的東方女孩——在眾目注視下，自信地展開了大提琴的演奏。她就是尤虹文（Mimi Yu）——哈佛經濟系的應屆優等畢業生，更是多次獲得國際大獎的大提琴音樂家。她來自台灣的高雄，她的雙親第一次來到哈佛，正坐在包廂貴賓席上。他們難以置信地遠遠看著這個八年前離家的國中女兒，此刻正在頂峰學府隆重典禮的殿堂中，做出色的演出。

對虹文來說，一切的榮耀歸於父母，「我的家永遠在台灣」；對雙親來說，一切的成就來自女兒從不放棄的努力。

這是一個來自南台灣中產家庭的燦爛故事，只有這種青年奮發上進的故事，才能改變台灣年輕一代的沉悶與頹喪。

2.南台灣的傳奇

當經濟成長恢復正常時，年輕人的失業就會更直接反映出是個人條件的不足：如自己的專長、學科成績、成就動機、個性和態度等。

台灣的年輕一代正陷入迷惘。在自由、民主、多元的大環境下，本可做海闊天空的選擇，攀登生命高峰；可惜多數年輕人選擇了一條少風險、少吃苦、少打拚的路。

半世紀前台灣貧窮時代的留學潮與創業潮，已經嚴重地消失了。

就在這種生命力虛耗、豪氣萬丈欠缺的年代，南台灣出現了一個動人的傳奇。讓我先簡述這位高雄出生的女孩——尤虹文。她十五歲時赴美學琴與讀書，十年奮鬥，已經譜出了生命中精采的前奏曲。

她來自一個中等家庭，父親是公務員，母親是國中家政老師。當她就讀於高雄新興國中音樂班時，就連獲二屆全國大提琴冠軍。二〇〇一年國中畢業，得到了美國克里夫蘭音樂院提供的獎學金，同時也在另一所海瑟威布朗女中讀一般高中課程。

三年之中，這個小留學生每天往返於兩所學校，熬過重重考驗，展現了聰慧敏捷及堅強的意志。高二時還得到了美加國際亞佛加厥化學科競賽第三名。高三上學期下定決心，申請哈佛。次年春天先後取得了哈佛的入學許可及獎學金。在哈佛以優異成績取得經濟學士，被《哈佛紅報》評選為「傑出十五大藝術家」。兩年後又在頂尖的茱莉亞音樂學院修畢碩士，並且擔任了茱莉亞交響樂團大提琴首席。此刻她已是世界樂壇上一顆廣受讚賞的新星。

虹文變成了極少數受過嚴格經濟學訓練的音樂家。這種理性與感性、冷靜與熱情的結合，是否會激發出更多演奏的火花？

虹文已經多次和小提琴天王帕爾曼及大提琴家馬友友合作演出，她演出的場所包括了卡內基廳、紐約九一一雙子星遺址、紐約林肯中心等。《紐約時報》讚譽她「飛揚的大提琴家」，《波士頓環球報》評為「最完美的大提琴演出」，另有評論以「女版馬友友」稱讚她。

3.「單飛追夢想」

近年來我提倡「閱讀救自己」，在我所相識而又尊敬的朋友中如于宗先、張作錦、孫震、郭為藩、賴英照、曾志朗，都是最好的典範。尤虹文寫的第一本書名——使我產生了另一個聯想：「單飛追夢想」。Flying Solo 是她取的英文書名，生動貼切。

在萬里無雲的天空中遨遊，在風雨交加的黑暗中飛行，想一想「單飛」的浪漫與冒險、「單飛」的自由與掙扎、「單飛」的成就與代價！這本書記錄了一位十五歲的南部姑娘，十年單飛的奮鬥故事。

這是虹文用中文寫的第一本書，國中畢業的她，展現了她的中文根柢及雙親對使用中文的培育；她再以哈佛受過的人文思維的薰陶，寫出了一本充滿感染力的「一個台灣女生上哈佛的成長故事」。

在天下文化出版的書中，她描述那段小留學生離家奮鬥的心情：「每逢感恩節、耶誕節，每個同學、朋友，都有自己的家，……就會特別想台灣，想爸爸、媽媽、弟弟、奶奶。」「安靜的深夜裡，有風聲、雪聲、伴隨著我的讀書聲。」

虹文更刻骨銘心地坦述：「在音樂領域裡跌得鼻青臉腫，讓我不知所措；入學預備考試PSAT看不懂，讓我不知所措；沒有父母參加的家長會，讓我不知所措……沒有人能送我一本『從零開始的人生手冊』來引導我每一個步驟！……只能拚命努力！」在這不知所措的時刻，她最記得的是遠在高雄母親的勉勵：

「化思念為力量。」正就是這股力量一直推著她前進。天下沒有唾手可得的成功，成功的背後一定有代價。

虹文是一位早熟的女孩，比同年齡的人想得多，看得遠，做得好。

虹文是一位成熟的女孩，有計畫，有方法，有決心。

虹文是一位智慧的女孩，一步步地在實現她的夢想與理想。

4. 沒有「代溝」的思維

二百頁的書中，她的很多思維與我十分接近，相差半個世紀的年歲，竟然跨越了「代溝」。讓我摘錄虹文的一些看法：

- 多讀經典，只讀經典。要學，就要學最好。
- 看不懂的好文章照看，再看，不輕言放棄。
- 我擦乾眼淚，再一次把琴拿起來，如烏龜賽跑，一步步向前爬。
- 嚴師才能出高徒，沒有老師當年的嚴厲，就沒有今天的我。
- 哈佛每年提供獎學金，本國和外國學生一視同仁。

- 哈佛總圖書館側門頂端：「進門吧，你的智慧即將增長。」
- 「英文，讓我與世界接軌。」
- 我該怎麼做？一切靠自己。

5.「如果虹文做到，你也可以」

經由嚴長壽先生的公益平台的安排，她去了台東書屋，遇到一個小女孩偷偷地說：好想好想當音樂老師。「我希望可以輕輕地告訴她：我也好想好想幫助她，陪她走這麼一段人生追夢的路途。」

去過了台東、苗栗和屏東的山地鄉，她發現自己愛台灣這片土地的心，從未改變。虹文在「後記」中寫著：「我的故事，有沒有一點點可能帶給當地台灣的孩子啟發和鼓勵？」

我要說：虹文「為夢想單飛」的故事，一定會，也一定能，使台灣年輕一代受到感動，受到激勵。

當前年輕人最缺的不是訓他們的教條，而是範例（role model）。虹文正是一個活生生的故事，她所經歷的各種遭遇貫穿全書：跌倒時沒有人扶持；流淚時沒有人幫你擦乾；孤獨奮鬥時不知所措；受到委屈時無人安慰；懷疑自己時，也動搖過。當很多人可能早已放棄時，虹文克服了所有這些學習中的低潮。她相信：自助人助，往高處努力（aiming high），思索前進，持續前進。

虹文的母親有一段重要的話勉勵年輕人：「即使前面有再高的山擋路，如果虹文做到了，那麼你也可以的。」

讓「你也可以」「為夢想單飛」變成年輕一代的新關鍵詞。

二〇一二年八月號《遠見》雜誌

54

學學鼎泰豐

——楊紀華的經營八則

一位五專生的成就

瑞士有「天下第一的手錶」；台灣有「天下第一的小籠包」。好像沒有人稱過鼎泰豐的創業人楊秉彝父子為「楊師傅」。就讓我把這個「師傅」的尊稱送給第二代的掌門人楊紀華。我一生當過老師，很嚮往做「師傅」。這麼多年來受過他磨練教導的徒弟們，一定很高興他們的老闆，多了一個這麼親切而又貼切的稱呼。

大家熟知：「魔鬼藏在瑣碎細節裡」，鼎泰豐沒有抓不到的魔鬼；大家比較陌生的是：天使常躲在「堅持原則」的背後，鼎泰豐對原則的堅持，做到了極致，因此顧客看到了天使般的品質與微笑，那是楊師傅對經營原則的堅持。

當此刻大家在熱烈討論大學生就業薪水過低時，這位五專畢業生，是靠自己日日夜夜地工作、時時刻刻進出廚房的親自體驗中所產生的「堅持」。他今天在專業上的成就是世界級的，遠遠超過了太多會念書的學生、太多有高學位的專才。

楊師傅的「經營八則」

讀《鼎泰豐，有溫度的完美》作者林靜宜的深入採訪，以及自己多年來既是朋友又是顧客的觀察，歸納出楊師傅的經營八則：

(1)永不休止的進步來滿足顧客。

(2)全力以赴地做到品質第一。

(3)品牌和商譽要永遠更上層樓。

(4)三心：單純之心，把店開好；專注之心，抓住細節；分享之心，與員工同甘苦。

(5)三好：品質要好、對客人要好、對員工要好。

(6)三不急：擴店不急、利潤不急、文宣不急。

(7)「花若芬芳，蝶蜂自來」，東西好，顧客來。

(8)「誠信」是家訓、是商道、是守則。

從鼎泰豐的經營成就看來，東方文化中做人做事的道理，要比西方求快求變的經營策略，更能持久。在台灣這個島上，我們有一項迷你產品可以傲視世界，那就是在台北信義路上，以小籠包聞名中外的鼎泰豐。

大學者的讚不絕口

二〇一四年六月上旬《遠見》雜誌邀請了當今最熱門題目「大數據」的學者麥爾荀伯格來台訪問。他小時在奧地利的鄉村長大，十八歲到哈佛讀書，稍後在哈佛教了十年書，又轉往牛津任教。對他來說，來台北演講最大的「報酬」，是天天可以吃到道道地地的鼎泰豐小籠包。

離開台北那天我在「人文空間」送行，他意外地發現為他準備了兩籠鼎泰豐小籠包。告別前他興奮地留了三句話送給我們讀者：永遠保持好奇心，永遠大智若愚，永遠大膽行事。仔細讀他這三句贈言，也完全吻合楊師傅的經營原則：以好奇之心不斷精益求精；以謙卑之心再上層樓；以果斷之心堅守原則。

在當前飲食文化風靡全球之際，台北的鼎泰豐在顧客心目中，品質上是全球「第一」，經營法則上更是全球「唯一」。這樣的榮耀是屬於楊紀華師傅及他一千六百多位員工，也屬於在台灣耐心排隊、光顧九家鼎泰豐的五百五十萬忠誠顧客。

二〇一四年九月號《遠見》雜誌

55 馬雲在台北講話的聯想

馬雲的崛起是全球網路科技領域中另一個傳奇；只有在中國的環境中才能發生。那裡的市場大、消費者多，市場規則在摸索中；那位英語教師能在淘汰最快的網路世界變成英雄，是時代巨變以及商業模式混沌中的產物。他不怕犯錯，不怕失敗，也就不怕衝撞，不怕說假話，也不怕說真話。成敗與真假之中，他鴨子划水，時沉時浮。「我不是那麼好，也不是那麼壞。」

我不認識馬雲，正如我不認識巴菲特及賈伯斯。體驗一個人的雄心壯志可以來自個人的「接觸」，更可以來自理念的「接近」。就以他在二〇一三年十二月十五日台北的講話來看：他是一個很實在的人，怯於強調成功，樂於分享失敗，這是一個英語教師的踏實與謙卑。

他對年輕人的讚許、期望、信任，正如他的財富，也是空前的。中國首富的頭銜難以持久；對年輕人的讚許也要看年輕人是否爭氣。懂得金錢邊際效用遞減的人，還是無法體會想要變成首富的強烈欲望。他們覺得不是在追求財富本身，而是追求事業版圖及成就。當二者得到時，財富自然就驟增。市場經濟的運作本來就是優勝劣敗。

創業，渾身是膽

馬雲在創業的路上累積了痛苦與騰飛的經驗，使他養成了一身是膽，敢說、敢做、敢放、敢變。在此刻瞬息萬變的大環境中，曾經一帆風順的創業家是難以生存的。

年輕人要記得，他說：「只有經過生活的磨練、挫折、教育才會變成自己的知識。」

只想不做的人，要記住：「不要晚上想想千條路，早上起床走原來的路。」

當前台灣不少年輕人在黑暗中做夢，白天醒來，一切照舊。舊地圖當然找不到新路線；熟能生「巧」早就要被認定是熟能生「懶」、生「銹」。

「想到」就要動手，動手才有可能「做到」。那些企業主常常因為「沒想到」或「想不到」而被市場淘汰，是一個殘酷的結局，也是社會不留情的裁判。

我特別欣賞馬雲的這句話：「未來的經濟一定是利他主義的經濟，講究分享、透明、擔當。」

幾乎就在同一時間，《遠見》雜誌在越洋電話中專訪二〇一三年諾貝爾經濟學獎得主羅勃．席勒（Robert Schiller）。這位專攻金融的耶魯大學教授指出：「一個優良的社會需要現代化的金融，但是擁有高薪及巨額財富的金融界人士也一定要回饋社會。」席勒教授提醒全球金融界的正就是：分享、透明、擔當。

大策略，兼具才情與魄力

對那些到世界各地開會的大企業家，我常留意他們在各處所做的公開承諾：

• 我要在這裡設立工廠、研發中心、實驗室……發展什麼產品，投資多少億，創造多少工作機會。

• 我要成立某某基金會，幫助窮孩子受教育、年輕人創業、老年人安居……

• 我的企業會善盡社會責任：員工待遇要好，產品要安全，不製造汙染，不剽竊別人的智慧財產權……

如果有人耐心地來驗證他們的話，已經做到的實例是不多的。馬雲所講的話來自商場上鉤心鬥角與慘烈競爭的體驗。有謙卑中的堅持，有自負中的反省，既有才氣也有些江湖豪氣。他不在表露小聰明，是在展現大策略。這位杭州教師有才情，也有魄力。

如果馬雲自己說的話都不能全做到，那麼誰能做到，誰就有機會超越馬雲。這也正是他強調透明及分享的可貴。

二〇一四年十二月十九日發表於《聯合報》

56

婚禮上的賀詞
——對年輕知識人的叮嚀

最近一年參加了幾位好朋友子女及優秀同事的婚禮。當以「德高望重」為說詞被邀請時，自己真正的感受是「年高體重」。

那場簡單的婚禮

每次參加喜氣洋洋、賓客滿堂的婚禮，就看到了台灣社會人情的濃厚及小康的縮影；也就會想到自己四十五年前在美國讀書時那簡單得寒酸的婚禮。那個年代，美國助教獎學金每月二百美元；如果留在台灣工作，一千元台幣月薪，折合美金二十五元。台灣是一個相當「落後的地區」。

一九六〇年十月一個星期五的下午，在我指導教授范福來克（Van Vlack）夫婦的熱心安排下，我們在讀書的布魯金斯城的教堂中舉行了婚禮，然後就在范教授家中款待道賀的朋友，到了近七十位老師與同學，但是沒有錢為妻子買禮服，也沒有錢為她買戒指。婚禮前後我們照常上課，「人生大事」就輕易地（還是「輕率」地？）完成。四年後修畢博士學位，妻修畢碩士，為了省下租借畢業袍的三十美元，我們也沒有參加畢業典禮。送給妻子的小鑽戒是教書以後第三年才完成的大心願。

「五中」讓快樂長駐

此刻把最近在婚禮中講的一些話寫出來，獻給婚姻城堡裡邊及周邊的年輕朋友。我的祝福以「五中」為核心：

(1)「腦中」有事業：年輕朋友要立志做大事。「大事」當然不等於「大官」、大企業家。「大事」是利用自己的專業、熱情及投入，在事業上（或一種特殊本領上）有傑出的表現。這可以是一位優秀的工程師、環保工作者、幼稚園教師、廉能的公務員、漫畫家、職業運動員……。懶散的生活與缺少自律的習慣都要改正。「知識經濟」之公平即在於知識不像財富，可以繼承或贈與。知識要靠自己一點一滴累積。要做大事，必先要從累積知識開始。

(2)「情中」有你我：婚姻生活是以夫妻為核心。彼此之間當然要相愛、鼓勵、容忍。做丈夫的不能有優越感，指揮妻子；做妻子的不能天天撒嬌，指揮丈夫。互相尊重彼此的隱私及發展空間，十分重要。要一方犧牲，以成全另一方，這種不平等的時代已經過去。在「相愛」的呵護下，以互信為基礎，彼此成長，是值得追求的一個選擇。

(3)「心中」有父母：「孝」是人性中最珍貴的美德。絕大多數的子女，都受益於父母，才有今天的成就。尤其來自中產階級及清寒家庭的子女，幾乎全是依靠了父母（及親友長輩）全部的心血與犧牲，才能完成學業及出國深造。離開父母之後，自己再忙也要時時問候父母，收入再緊也要孝敬父母。

(4)「胸中」有大愛：在這個世界上有太多的人比我們不幸。我們要關心別人，關心弱勢團體，關心其他貧窮地區的人。「關心」不能止於空談，它要真實地反映在自己的時間上及自己的捐獻上。在所有的頭銜中，最令我感動的不是「董事長」、「總經理」、「部長」，而是「志工」（義工）。

(5)「夢中」有家鄉：在無國界的職場上，有專長的知識人可以在世界各地工作——如會計師、工程師、行銷專家、設計師——這是個人難得的成長機會。我有好些朋友的子女在美國長大，擁有了很好的學歷及美國的工作經驗之後，此刻都在三十~四十歲之間，來到了大中華地區工作。這些專業人員來到 Greater China，一方面容易有成就感，另一方面也有失落感。「失落」是因為中國、台灣、香港在很多方面還是遠遠不如美國社會的文明與開放，但是要珍惜中西文化的差異，也要有一些「月是故鄉明」的偏愛。不論身在何處，還是要有深厚的故鄉情。

結婚可以是年輕夫婦最快樂的開始，「五中」可以促成「快樂長駐」。

二〇〇六年三月號《30》雜誌

57「樂在工作」與「優質人生」

我從來沒有為一本書推薦過三次，寫過三次序。這個例外，當然來自我對這本書的情有獨鍾。在台灣這個功利而又不太讀書的社會，一本正正派派、乾乾淨淨的書，能在十四年的時間中，持續地銷售二十五萬冊，算是一個難得的紀錄。

回想十多年前我自己讀到原文時，就被兩位作者優美的文字與雋永的理念所感動。透過尹萍女士的譯筆，可讀性更高。

《樂在工作》（*The Joy of Working*）是由美國著名的行為科學家魏特利（Denis Waitley）與傳播學家薇特（Reni L. Witt）所合寫。他們很有說服力地告訴讀者：如何透過一連串的自我鼓舞與自我追求，可以在工作中得到這些樂趣。

工作的樂趣不是天生而來的，需要靠工作者的自信、毅力、謙虛、堅持……。他們在書中以一個月三十一天的時間，要讀者每一天學習一種進取的觀念。這本書很生動地提供了這麼多令人鼓舞而又實用的觀念，大家都可以從這些觀念中得益。

不能沒有工作的樂趣

人的一生中，可以沒有很大的名望，也可以沒有很多的財富，但不可以沒有工作的樂趣。

工作是人生中不可或缺的一部分。如果從工作中只得到厭倦、緊張與失望，人的一生將會多痛苦；令自己厭倦的工作即使帶來了「名」與「利」，這種光彩也是何等的虛浮。

要從工作中得到樂趣，首先不要讓自己變成工作的奴隸，而要把自己變成工作的主人。無止境的日夜工作正如無止境的追逐玩樂一樣的不可取。

工作不是為了生存，而是要把個人的生活賦予意義，把一己的生命賦予光彩。

帶給自己工作樂趣的不是最後達到的終點，而應當是工作的歷程。一個演員的快樂，要來自演戲的過程；正如一個老師要在教學中得到快樂一樣；也正如一個待產的母親，她的快樂不只是來自嬰兒的誕生，同樣地要來自懷孕的期待。

大部分的工作都可以靠訓練來勝任，有些工作則非要靠天賦，如要做一位出色的音樂家、文學家、運動員等，但沒有一項成就不需要經過苦練。

不要忽視成功的代價

世間有形形色色的人，從事形形色色的工作，產生了形形色色的結果。

有人羨慕明星的風采，但掌聲後面有多少辛酸？

有人羨慕首長的地位，但權位後面有多少犧牲？

有人羨慕文學家的才華，但傳世之作後面又有多少掙扎？

有人羨慕企業家的財富，但投資後面又有多少風險？

一般人只看到「一將功成」的榮耀，漠視了「萬骨枯」的代價。

更值得指出的是：被社會上公認為成功的人物幾乎都有一個共同的特徵：他們對工作的熱情與執著。他們從工作中得到樂趣——如地位、財富、冒險的報償，及理想的實現。在他們的生活中，工作就是樂趣。

做工作的主人

大多數人都是平凡的，但大多數平凡的人都想變成不平凡的人。這是社會進步的一股力量。可是，就當事人來說，就產生了心理上的壓力與情緒上的掙扎。不論我們是否能變成一個不平凡的人，但每一個人都應當從工作上得到樂趣。工作的樂趣如健康一樣的珍貴，但有時比名與利更難得。

工作樂趣的觀念有時繫於一念之間，就能把工作的痛苦轉化成工作的樂趣。此一轉念對個人是煩躁的大解脫，對社會是生產力的大提升。

我一直認為：追求財富常會失望；追求權力常會落空。現在我們再要提倡：追求工作的樂趣正如追求知識一樣，既不會失望，也不會落空。

「工作」是社會對我的要求；「樂在工作」則是我對自己的要求。一位「樂在工作」的人對得起社會，也才對得起自己。

樂在工作，優質人生

在台灣經濟成長快速發展的過程中，大家都付出了可貴的代價。它包括了工作的過勞、生涯規劃的扭曲、健康的耗損及家庭團聚的犧牲；對整個社會所產生的外部成本，至少也包括了交通的擁擠、生態的破壞、資源的消耗、犯罪的增加、人際關係的淡薄等。因此，當「小康」已經普遍出現在台灣社會時，人民應當要及時修正貧窮時代心理上常出現的貪婪、自私與占有欲。

優質人生是要在財富與欲望之間取得平衡，最終目的即是要活得快樂。活得快樂比活得富裕更重要。讓我們來描繪一幅「優質人生」的圖像：

(1)工作要做得出色。
(2)家庭要細心愛護。

(3)財富要取之有道。
(4)言行要表現品味。
(5)消費要知所節制。
(6)時間要合理安排。
(7)閱讀要養成習慣。
(8)有益的嗜好要培養。
(9)公益活動要參與。
(10)永續發展要支持。

這樣的「優質人生」是今天每一個人都可以擁有的。它不需要靠大量財富、權勢、名位來獲得；但它需要一些智慧、一些品味、一些割捨來追求。這樣追求所贏得的是快樂，而非快感；是分享，而非分贓；是奉獻，而非奉順；最重要的是，我們同時擁有了「樂在工作」的現實層次與「優質人生」的高貴境界。

二〇〇〇年九月二十七日《樂在工作》書序

58 進入職場要學會自問自答、自我要求

「畢業」是第一道分水嶺

學校畢業了，進入社會了，各種面對的問題也出現了。人生中的第一道分水嶺，是告別數十年的寒窗，擁有了獨立自主的興奮之後，緊接著常是一連串的挫折。

我自己在烽火遍地的中日抗戰中誕生。十三歲來到台灣後，雖然經歷過戰亂逃難的十年眷村生活，但讀書從未中斷。一九五九年，二十三歲，獲得了助教獎學金去美國修習經濟發展，是一生中最幸運的轉捩點。

在此刻「小確幸」的台灣，近年大學畢業生約二十萬人左右，當這些年輕人

在力爭上游，要先冷靜地問自己幾個基本問題：

(1)我的溝通能力行嗎？

「說」得清楚嗎？「寫」得通順嗎？「聽」得懂別人在說什麼嗎？

(2)我的普通常識夠嗎？

面對社會百態、政經變化、人文素養、法律規範、投資理財、參與義工等等，有所瞭解嗎？

(3)我的EQ好嗎？

容易與人相處嗎？熱心公益嗎？歡喜講人是非嗎？

(4)最需要立刻面對的還是這二項：

- 我的學習意願強嗎？
- 我的專業本領夠嗎？

對這些問題不斷出現「問號」時，正殘酷地提醒自己，學校雖然畢了業，但是自己的基本訓練與專業是遠遠不夠，要立刻接受「人外有人」的現實，趕快勇敢地要求自己：即刻補救改進。

終身學習是人生第一課

面對當今的資訊超載（information overload），年輕人容易失去「注意力」的焦距。每天被網站上數不盡的資訊所吸引、所困惑。過去教育體系強調的背誦，已經完全可被替代。正如管理大師杜拉克指出的：二十一世紀是「知識工作者」的年代。終身學習與時俱進，變成了自己生存與發展的關鍵詞。

在很多場合如果張忠謀先生受邀演講，他最歡喜講的題目是「終身學習」。他會告訴聽眾，一九六四年在史丹佛大學獲得電機博士時，還沒有「半導體」這門課。這位半導體教父就是自己不斷摸索與學習而來。

我所接觸到對社會有貢獻的創業家、企業家，如鄭崇華、劉金標、嚴長壽、周俊吉等，沒有一個人不是經過嚴格「自我要求」與「吸收新知」而成功的。在這麼一個競爭激烈的世界，本身沒有過人的優勢，當然難以出人頭地。靠關係、靠人情、靠運氣……都不可靠；只有自己的專業與人品最可靠。在人生的馬拉松中，年輕時要全力增進自己實力、品德與EQ。

此外，年輕一代所看到的外在環境，是那麼的錯綜複雜，使他們束手無策，無能為力。

這些負面場景包括了：

「亂」的社會，那是普遍的失序；

「貪」的人心，那是錯亂的價值；

「鬥」的政治，那是迷惑的權欲；

「爭」的理念，那是缺乏的共識。

年輕一代不免要自問：這就是大家所形容的「小確幸」嗎？或是十年前大陸媒體所描述的「台灣最美的風景是人」？

三個自我要求

年輕一代成長的過程中，台灣經過了三個關鍵性的階段：一九八〇年代啟動的「民主化」，一九九〇年代出現的「全球化」，以及近二十年來中國快速的崛起及地緣政治帶來的不確定感。台灣如何在台中美三邊之中尋求平衡？

因此我建議三個「自我要求」：

第一：靠自己的專業，立足社會。

第二：靠自己的人品，受人尊重。

第三：靠自己的終身學習，不落人後。

跨越五道門檻

除了「自我」的要求，我們的年輕人最需要自我增強的是：外語能力、人文素養及世界觀。一個全方位的現代人要有能力跨越五道門檻：

(1)跨越專業門檻，擁有人文心。

(2)跨越本土門檻，擁有世界觀。

(3)跨越兩岸門檻，擁有中華情。

(4)跨越財富門檻，擁有奉獻熱。

(5)跨越意識型態門檻，變成大格局的新台灣人。

一九四五年後誕生的「新」台灣人，更必須要示範：從歷史的灰燼中重生，從意識型態中破繭而生，從悲情自憐的死胡同中掙脫。

在《文明台灣》一書中（二〇一九），我寫著：

「開放」，才有出路；開放，才能走向文明。

「開放」是一個政府奮進的策略；「文明」則是全體國人的歸宿。全體人民，如果拋棄意識型態，凝聚共識，一步一腳印，共同努力二十年，在二〇四〇年代，世界上或將有可能看到一個「文明台灣」的出現。

二〇二二年三月號《遠見》雜誌

59 老師、牧師、醫師

——三「師」而後行

隨著知識的普及，科技的日新月異，人人相信先要跟隨老師讀書，然後與時俱進地終身學習。

隨著閱歷的增加及世俗的引誘，有人會愈來愈發現一己之力的局限，需要宗教的信仰及牧師（泛指各宗教導師）的指引。

隨著年歲的增加，長者更需要求助於醫師，照顧他們的健康與生命。

自己的觀察：不論是個人或社會大眾，都得益於這「三師」。

懷念那些老師

高中（一九五一～一九五四）在台北商職（國立台北商業大學），影響一生最大的是國文胡致老師。他曾任江西省教育廳長，畢業前夕他在黑板上寫下「自求多福」四個大字勉勵他的學生。使我一直記住：「要靠自己」。二十多年後我提出的「天下沒有白吃的午餐」與「六個自立」，均來自胡老師當年的教誨。

我提出的「六個自立」包括六個階段：

⑴求學階段，自己功課自己做。

⑵踏入社會，自己工作自己找。

⑶建立家庭，自己幸福自己建。

⑷事業奮鬥，自己舞台自己創。

⑸夕陽餘暉，自己晚年自己顧。

⑹告別人間，自己善終自己定。

在台中農學院（國立中興大學）選修大二英文時，任教老師是杭立武先生的夫人陳越梅女士（她要我們稱她杭伯母）。她畢業於衛斯理學院（蔣夫人母校），第一堂課就嚴格要求：不准用中文字典查英文生字；學生站起來問答時要用英文。本來在窗外也站滿了聽課的學生，立刻退修不少，但還是坐滿。這位虔誠的基督徒，在課後常與同學或邀請到家分享《聖經》的故事哲理。上課時的嚴格與下課後的愛心相輔相成。

一九七〇年代後，暑假受邀返台參與經濟發展政策，寫了一些文章，她看後常常寫信勉勵我，剪下來留給杭伯父看，並幾次邀請去她台北家裡喝下午茶，當面勉勵。

杭伯母知道一九七二年我去丹麥教研，特別邀請我們全家在雅典小停，感受到杭大使夫婦的熱心款待及在外交上的挑戰。

牧師信徒愛心的實踐

自己認識的牧師不多，但認識對國家有貢獻的虔誠信徒不少。二個典範就是：李國鼎（一九一〇～二〇〇一）與王建煊（一九三八～）。星雲大師是另一位宗教領袖，需另述。

李國鼎資政一生的言行，豎立了一個從政者的標竿。他說：「他的『愛』是由所信基督教的愛心出發，愛國家、愛社會、愛眾人。」在晚年時沉痛地說過：「我們的價值觀念愈來愈走向『貪』，愈來愈缺少『愛』。」

自從五十七歲（一九六六年）聖誕節受洗後，李氏寫過：「我的生活更有規律，神賜我智慧、勇氣、信心來應付與日俱增的問題。」他更常常親筆抄錄《聖經》中〈哥林多前書〉第十三章中的幾節話送贈友人及後輩：

「愛是恆久忍耐，又有恩慈；愛是不嫉妒；愛是不自誇，不張狂，不作害羞的事，不求自己的益處，不輕易發怒，不計算人的惡，不喜歡不義，只喜歡真理；凡事包容，凡事相信，凡事盼望，凡事忍耐。」

李氏的「愛」特別包括了愛才、惜才與用才。在經濟與財政部長任內，不斷選送優秀同事出國深造。多位旅居國外的我國專家學者，常常因為與李氏一席談，就被他的使命感所感動，決定回國投資或擔任公職。郝柏村先生說得傳神：

「李資政一輩子做的事，就是圖利他人。」例如他在一九八五年邀請到了張忠謀先生來台擔任工業技術研究院院長，參與科技研發。對當年李資政的誠意邀請，張先生也直說：「沒有李國鼎，就沒有台積電。」

另一位虔誠基督徒是王建煊。他是我北商低二班的學弟。我們很有緣分，相互勉勵。他曾擔任過財政部長及監察院長。當部長時，以「愛心查稅」使一些漏稅的富豪們緊張；當院長時，又鐵面無私，拒絕關說。

當年北商母校選出第一屆傑出校友時，我們名字同時出現；當升格為國立台北商業大學後，於二〇二〇年六月頒贈第一屆二位名譽商學博士時，我們又同時獲得。

同樣有趣的是，他當監察院長時，居然請我當「大學校長」。故事是這樣的：二〇〇八年八月馬總統邀請他出任監察院長，他急著找我：「如果我去接監察院，你非幫我一個忙，去接我現在的一個位置。」這使我大吃一驚，我從來不知道他已是一位大學校長。自己做一輩子老師，從未想過要做校長。我說：「你去接院長重要，哪一位去接校長，你一定可以找到合適的人。」

最後我答應暫代「內湖社區大學」校長，發揮「用愛深耕內湖」。他直說：「月薪是十萬，但我都不領，捐回學校。」這當然不是問題。

參與社區大學，看到二千餘位的男士與女士及外籍人士晚上及週末來學習，可以選修五十門以上的實用課程（包括電腦、語文、烘焙、設計、減肥、太極拳……）。他們非常認真，老師們提供的課程及活動非常多姿多采。那真是一個優秀的教學團隊與溫暖的經驗。社區大學是社會進步的很大動力，值得做更多的投資。

令人尊敬的醫師

自己的健康一直很好，但年過七十後小毛病偶然出現了。因此先後認識了一些名醫，如張心湜校長、魏崢院長，也早就讀過他們的著作，十分佩服。他們不以其博學把病人嚇倒，使他們安心地接受建議。對我幫助最直接的是台北榮總院長陳威明，為我成功地安置了人工膝關節。

多年來自己的體檢就在和信及亞東二家值得信賴的醫院。黃達夫醫學教育促進基金會與天下文化的合作，出版了四十餘種醫師及醫學的書，這是一個很持久的貢獻。黃院長的著作《用心聆聽》，邱冠明院長近著《疫無反顧》，敘述亞東醫院做對的事，都極受好評。

早在二〇一五年具有人道主義的比爾．蓋茲就提出警告：「全球最大的災難風險不是核彈，而是流感病毒。」

年輕時讀民生主義中「衣食住行育樂」普及的重要，面對新冠病毒，那第一個字「衣」應當被「醫」來替代。人類的生命要化險為夷，正還要依靠醫師的智慧及疫苗的突破。

古人告勉我們「三思而後行」。現代社會擁有了新「三師」：「老師」的教導奉獻，「牧師」般的愛心擴散，以及「醫師」們的濟世利人，每個人就應當要結合知識、愛心、健康，不再遲疑，勇敢前行。

二〇二二年四月號《遠見》雜誌

60 畢業典禮的講話——台大、清大、興大

做一位出色的台大人

六月是畢業季節，尤其是應屆大學畢業生及研究生，是跨出學習之門，面對真實世界接受考驗的第一步。

六月十日應邀參加台大—復旦EMBA的畢業典禮上，看到很多位穿了博士服的教授們（包括了管理學院胡星陽院長、EMBA劉啟群執行長、湯明哲校長等），以及一百六十多位獲得碩士學位的畢業同學。內心十分興奮，想到當年在台大客座的愉快經驗。

下面引述台大EMBA電子週報六月十四日的報導：

遠見．天下文化事業群創辦人高希均教授是今年畢業典禮致詞貴賓。致詞中談及當年一九七五年和一九七七年曾任教台大商學研究所，教過包括江炯聰等多位優秀研究生（後來炯聰在MIT得博士後，變成母所教授）。不僅昔日在台大作育英才、有段美好時光，他與今天台大合作的復旦EMBA也有緣分。

一九四九年他從上海來台，正就讀復旦附中初二。在典禮上也就以上海話問候來自上海復大的畢業生。一九九八年離開上海三十九年後，第一次回去，還特別在復旦大學和交大做了演講，並且參觀了復旦中學。

二〇〇七年，高創辦人曾受邀擔任台大畢典嘉賓，那年總畢業生八八一三人，其中碩士生三四七〇人、博士生四六三人；去年（二〇二二）全校畢業生九千一百多位，碩士與博士也略有增加。

高教授說：四十多年來，我一直參與了我們事業群內部的EMBA。M代表Magazines（出版五本雜誌：如《遠見》、《哈佛商業評論》繁體中文版）、B是

Books（有三家出版社：如天下文化、小天下）、A為Activities（如每年舉辦的遠見高峰會、縣市長施政滿意度調查、最佳大學排行榜、數位轉型鼎革獎等），我們一定要把每一項都做得卓越E（Excellent）。因此就泛稱遠見．天下文化事業群的EMBA。

高創辦人對在座畢業生，提出需要跨越的五個門檻：

(1)跨越專業的門檻，要擁有人文心。

(2)跨越本土的門檻，要擁有世界觀。

(3)跨越兩岸的門檻，要擁有中華情。

(4)跨越財富的門檻，要擁有奉獻熱。

(5)跨越意識型態的門檻，做一個大格局的新台灣人。

他勉勵台大畢業生「更要做一位出色的台大人」，意指是要超越顏色、做為色盲（color blind），不問藍綠、只分辨對錯是非，高創辦人提及他人生最大的祈求就是兩岸和平交流。看到今天台大－復旦EMBA，他相信這條路是往對的方向走。祝福兩岸交流更密切、台大的影響力更大。（台大EMBA辦公室提供）

「中興人」全力投入現代化

另一次的經驗是二〇一四年七月，回到母校台中中興大學畢業典禮致詞，就像回到母親的身邊，感到那麼地熟悉、親切、溫暖。

「母校」就像「母親」一樣，孩子從那裡得到教養與啟蒙。對再平凡的孩子，母親總會說：「你有平凡中的偉大。」對那些工作努力的校友，母校則會慷慨地稱讚「你們都是傑出校友」，甚至贈送「名譽」學位。

整整六十年前（一九五四），一個十八歲的青年，從南港眷村來到文化城的台中做大一新生，那是學習之旅的第一站，也是一生之中讀書、立志、自我奮鬥的關鍵四年。沒有那基礎四年，就沒有以後教書的四十年。看到母校今天驚人的進步——包括那優秀的師資、圖書館、實驗室，格外值得現在念書的同學珍惜。

六十年前，母校只有九個系，九百多位學生，一九五八年畢業時，全校畢業同學只有二四二位。六十年後（二〇一四）的今天，中興已是實力第三大的國立綜合性大學，近一萬七千名學生，在李德財校長全心投入下，已經擁有多項頂尖的特色領域。它在一九五〇年代協助台灣擺脫落後的農業，近三十年來全校師生已全面投入了台灣的現代化。

二〇一四年特別要向今年一百八十位獲得博士的校友道賀。你們擁有了一張驕傲的專業名片「中興大學博士」，你們是國家現代化「中興」的生力軍。

可惜近三十多年來，我們引以為傲的「經濟奇蹟」，出現了「一半對一半」的僵持。財富分配是「貧窮對富裕」，兩岸關係是「限制對交流」，公共政策是「保護對市場」，人民心態是「白吃午餐對合理付稅」，年齡分配是「老齡化對少子化」，產業發展是「低勞力對高科技」。借用狄更斯的譬喻，台灣有二個：善良的台灣對私利的台灣、前進世界的台灣對退縮不前的台灣。

一度引以為傲的「民主社會」出現了扭曲，「開放社會」出現了倒退，「公平社會」出現了偏差。上一代人已經付出了他們的心血。

這一代年輕人沒有悲觀的權利，勇敢地拿起接力的火炬，盡自身的責任。因此讓我們提倡更精緻、包容、進步的「文明社會」，做為全力以赴的新里程碑。

要構建及維繫物質「文明」，社會就要付出有形的「代價」。一是需要巨額經費（如現代基本建設、一流大學、博物館、實驗室）；另一方面難以數字表現的精神文明，如具有文化素養的公民，熱心參與公眾事務，樂意分享財富，擁有公平正義的同理心等。這些均需要自己的時間與愛心的投入，就是無形的「代價」。

讓我們共同接受：除非是補貼低所得家庭及弱勢團體外，其他人必須要付較高的稅。北歐社會的好福利，來自人民的高稅率，而非政府的高虧損。如果「肯負擔」的「一半」能占上風，台灣除了小確幸，也會擁有大未來。此刻台灣必須要靠全民的付出，構建文明社會的最後一哩。全民也要加快培養一種「盡一己之力，無一己之私」的情操。有能力地樂於分享，讓弱勢者得到適當的照顧。

讓我叮嚀：受過良好教育的「中興人」，要超越當年對農業的貢獻，熱情地投入現代文明社會的構建。

台大人的成就

「北大人說：北大的命運，就是中國的命運。」台大人可以引伸地說：「台大人的成敗，就是台灣的成敗。」

台大的畢業生幾乎囊括了各領域大部分的頂尖人才（包括台灣四位民選的總統李登輝、陳水扁、馬英九、蔡英文）；幸虧還不是「贏者通吃」。

去年底，《遠見》雜誌在外商大調查中問他們最佩服的企業家，依序是王永慶、郭台銘與張忠謀，其中沒有一位是台大人。

——二〇〇七年六月二日台大畢業典禮致詞

心念兩岸的清華沈校長

在台灣社會中，我尊敬那些在專業領域中表現出色的人，也嚮往一些在他們專業領域以外，表現得博學多才，擁有人文素養的人，清華沈君山校長（一九九四～一九九七）就是這樣傑出的一位。

沈校長一生瀟灑，自在地出入於科學與人文之間、學府與廟堂之間、台灣與大陸之間、本土與國際之間、愛情與友情之間。沈校長最大的財富，是他擁有專業與通識以及深厚的中華情懷。這真是清華同學值得向這位老校長學習的榜樣。

——二〇一二年六月九日清華大學畢業典禮致詞

二〇二三年七月號《遠見》雜誌

附錄

(一)中文人名索引

3劃

4劃

5劃

6劃

7劃

8劃

9劃

15劃

16劃

17劃

18劃

20劃

21劃

㈡英文人名索引

H

- Haberler, Gottfried 哈伯勒 282
- Handy, Charles 韓第 191-192
- Hansen, Alvin 漢森 282
- Hanushek, Eric 哈努謝克 250
- Hayek, Friedrich 海耶克 23, 202
- Hugo, Victor 雨果 241

J

- Jobs, Steve 賈伯斯 26, 201, 213, 237, 315

K

- Kekic, Laza 科基克 296
- Kennedy, John F. 甘迺迪 81, 157
- Keynes, John Maynard 凱因斯 218
- Kim, W. Chan 金偉燦 182
- Krugman, Paul 克魯曼 125

L

- Lagarde, Christine 拉嘉德 50
- Lang, Jack 賈克朗 122
- Lewis, Arthur 魯易士 227

M

- Marx, Karl 馬克思 241-242
- Maubogne, Renée 莫伯尼 182
- Mayer-Schönberger, Viktor 麥爾荀伯格 313
- Merkel, Angela 梅克爾 60
- Modi, Narendra 莫迪 60

Note

Note

社會人文 BGB568A

開放：突破台灣格局

高希均 — 著

總編輯 — 吳佩穎
社文館副總編輯 — 郭昕詠
責任編輯 — 郭昕詠
校對 — 張彤華、陳佩伶、魏秋綢
封面設計 — 張議文
排版 — 簡單瑛設

國家圖書館出版品預行編目（CIP）資料

開放：突破台灣格局 / 高希均著 . -- 第三版 . -- 臺北市
: 遠見天下文化出版股份有限公司, 2024.2
面；14.8×21 公分 . --（社會人文；BGB568）
ISBN 978-626-355-556-3（精裝）

1.CST: 言論集

078 112019967

出版者 — 遠見天下文化出版股份有限公司
創辦人 — 高希均、王力行
遠見・天下文化・事業群榮譽董事長 — 高希均
遠見・天下文化・事業群董事長 — 王力行
天下文化社長 — 王力行
天下文化總經理 — 鄧瑋羚
國際事務開發部兼版權中心總監 — 潘欣
法律顧問 — 理律法律事務所陳長文律師
著作權顧問 — 魏啟翔律師
地址 — 台北市 104 松江路 93 巷 1 號 2 樓
讀者服務專線 — (02) 2662-0012 ｜傳真 — (02) 2662-0007；(02) 2662-0009
電子郵件信箱 — cwpc@cwgv.com.tw
直接郵撥帳號 — 1326703-6 號 遠見天下文化出版股份有限公司

製版廠 — 東豪印刷事業有限公司
印刷廠 — 祥峰印刷事業有限公司
裝訂廠 — 精益裝訂股份有限公司
登記證 — 局版台業字第 2517 號
總經銷 — 大和書報圖書股份有限公司 電話／(02) 8990-2588
出版日期 — 2024 年 2 月 20 日第一版第 1 次印行
2024 年 4 月 22 日第三版第 1 次印行

定價 — NT 500 元
EAN — 4713510944462
電子書 ISBN —9786263555518 (PDF)；9786263555501 (EPUB)
書號 — BGB568A
天下文化官網 — bookzone.cwgv.com.tw

＊本書曾以《開放台灣》書名於 2015 年出版

天下文化
BELIEVE IN READING